L'ENSEIGNEMENT SECONDAIRE

A PARIS

EN 1880.

MÉMOIRE

PRÉSENTÉ

AU CONSEIL ACADÉMIQUE DANS LA SÉANCE DU 6 JUILLET 1880

PAR

M. GRÉARD

MEMBRE DE L'INSTITUT, VICE-RECTEUR DE L'ACADÉMIE DE PARIS.

DEUXIÈME ÉDITION.

PARIS

TYPOGRAPHIE DELALAIN

RUE DE LA SORBONNE, 1 ET 3.

1880

L'ENSEIGNEMENT SECONDAIRE

A PARIS

EN 1880.

MÉMOIRE

PRÉSENTÉ

AU CONSEIL ACADÉMIQUE DANS LA SÉANCE DU 6 JUILLET 1880

PAR

M. GRÉARD

MEMBRE DE L'INSTITUT, VICE-RECTEUR DE L'ACADÉMIE DE PARIS.

DEUXIÈME ÉDITION.

PARIS

TYPOGRAPHIE DELALAIN

RUE DE LA SORBONNE, 1 ET 3.

1880

L'ENSEIGNEMENT SECONDAIRE

A PARIS

EN 1880.

MÉMOIRE

PRÉSENTÉ AU CONSEIL ACADÉMIQUE

dans la séance du 6 juillet 1880.

La réforme de l'enseignement secondaire est à l'étude; le Conseil supérieur de l'Instruction publique en a adopté le plan; dans quelques jours il en fixera les programmes. De son côté, le Parlement, par une loi qui date d'hier, 3 juillet, vient de créer une caisse des Lycées, en la dotant tout d'abord d'un fonds de 75 000 000 de francs.

En face de cet avenir plein de promesses, quelle est la situation présente des Lycées et Collège de la ville de Paris? Leur installation répond-elle aux conditions de l'enseignement? Leur nombre est-il en rapport avec les besoins de la population? S'il en est créé de nouveaux, quelle doit en être l'organisation? Quels résultats enfin est-il permis d'attendre des sacrifices que l'État et la Ville de Paris auraient à s'imposer pour les améliorations ou les créations nécessaires? Telles sont les questions dont je voudrais brièvement entretenir le Conseil. Il m'a semblé qu'aucun sujet n'était plus digne de fixer un moment son attention au début de nos travaux. Il intéresse à

1

la fois tout notre système d'études; car le développement de l'enseignement secondaire représente pour l'enseignement primaire une extension de débouchés, pour l'enseignement supérieur un surcroît de force.

I.

La population des Lycées et Collége de Paris au 15 novembre 1879.

Au 15 novembre 1879, on comptait dans les établissements d'enseignement secondaire de Paris, Vanves et Rollin compris, 6 912 élèves, qui se répartissaient ainsi :

Fontanes	1 652
Louis-le-Grand	1 331
Saint-Louis	923
Charlemagne	921
Rollin	810
Henri IV	662
Vanves	583
Total égal	6 912 [1]

La population générale des Lycées de la France à la même date.

A la même date, d'après une statistique officielle [2], il y avait dans l'ensemble des Lycées de la France 14 192 élèves.

Le rapport de la population des Lycées et Collége de Paris à la population générale des Lycées de la France.

L'effectif des établissements de Paris, rapproché de cet effectif d'ensemble [3], représentait 15,35 p. %, soit près des $\frac{3}{17}$ de la population générale [4]; c'est-à-dire que si cette population était mathématiquement répartie entre les 17 circonscriptions académiques, la part de Paris seul égalerait presque la part de trois Académies réunies.

Les ressources dont nous disposons pour cette population.

Plaçons en regard les ressources dont nous disposons.

1. Voir à l'Appendice, pour la répartition des internes, demi-pensionnaires, externes surveillés et externes, le Tableau n° 1.

2. *Journal officiel* du 1 mai 1880.

3. Pour l'exactitude du calcul, nous avons ajouté aux 14 192 élèves des Lycées les 810 élèves du Collège Rollin, qui a l'importance et, au point de vue de l'enseignement, tous les caractères d'un Lycée; soit, comme base de l'opération, 15 032 au lieu de 14 192.

4. Exactement $\frac{24}{71}$.

— 3 —

La superficie totale des Lycées de la France[1] est de 1 691 145mq,53[2]. Partagée idéalement entre tous les Lycées, cette superficie donnerait pour chacun d'eux une moyenne de 20 623mq,72.

Si l'on excepte Vanves, dont la situation avec ses 20 hectares[3] est hors de pair, on constate qu'Henri IV est le seul des établissements parisiens qui atteigne cette moyenne (20 618mq). Louis-le-Grand n'en possède que les trois quarts : 15 063; Saint-Louis, la moitié : 11 721; Charlemagne, un peu moins d'un tiers : 6 409; Fontanes, un peu plus d'un quart : 5 220.

Mais ce n'est là qu'un rapport mathématique. Le calcul devient une comparaison saisissante, lorsque, considérant la superficie réelle de chaque établissement, on reconnaît que Louis-le-Grand est moins bien partagé que Châteauroux[4], Saint-Brieuc[5] ou Vendôme[6]; Saint-Louis moins bien que Cahors[7]; Charlemagne et Fontanes moins bien que Auch[8] et Pontivy[9].

Cette comparaison appliquée aux Collèges n'est pas moins significative. Sur 252 Collèges, 73 sont dans des conditions supérieures à celles des Lycées de Paris. Henri IV et Louis-le-Grand ne viendraient, dans l'échelle, qu'au dixième rang, bien après Saint-Claude[10] et Fontenay-le-Comte[11]. Saint-Louis balance Cognac[12]. Pour trouver des équivalents à Charlemagne et à Fontanes, il faut descendre jusqu'à Cholet[13], Nantua[14], Montélimar[15] et Saint-Flour[16].

1. Voir la statistique publiée par le Ministère de l'Instruction publique en 1876.
2. Nous avons fait également entrer dans la composition de ce chiffre la surface du Collège Rollin, qui est de 15 143mq.
3. Exactement 191 780mq.
4. 17 500mq pour 267 élèves.
5. 17 668mq,39 — 276 —
6. 16 871mq — 212 —
7. 13 711mq,91 — 216 —
8. 6 302mq — 382 —
9. 7 526mq — 283 —
10. 25 835mq — 116 —
11. 21 200mq — 116 —
12. 11 867mq — 177 —
13. 6 603mq — 67 —
14. 5 609mq — 74 —
15. 5 208mq — 81 —
16. 5 949mq,57 — 82 —

Roanne a 30 000 mètres pour 111 élèves (39 pensionnaires, 72 externes), autant que Louis-le-Grand et Henri IV pour 1993 (dont 781 internes). Lesneven, dont l'effectif n'atteint pas 300 enfants, possède un terrain de 25 000 mètres, plus que Saint-Louis, Charlemagne et Fontanes réunis, qui reçoivent ensemble 4 196 enfants ou jeunes gens.

L'insuffisance de nos locaux scolaires.

Je n'insisterai pas sur les inconvénients de toute sorte qui résultent de cette exiguïté. C'est aux questions qui touchent aux études que je veux aujourd'hui borner mes observations. Faute de locaux, des classes de grammaire, qui ne devraient pas avoir plus de 30 à 35 élèves, en comptent 60. Il est telle classe de Philosophie dans laquelle 100 jeunes gens sont groupés pour l'enseignement de l'histoire et des sciences ; telle classe de Rhétorique où le professeur ne peut arriver à sa chaire qu'en passant par-dessus les bancs complémentaires qui encombrent les portes ; telle classe de Mathématiques, qui, pendant la saison d'hiver, doit être éclairée au gaz toute la journée, afin que les exercices au tableau ne soient pas perdus. Dans un établissement où 200 places seraient nécessaires pour l'enseignement du dessin, nous en avons 50 à peine. Des études disposées pour 30 élèves en reçoivent 40, et quelques-unes servent en même temps de classe : c'est presque la règle pour les cours primaires. Il y a 150 ans, bien avant Frœbel. Diderot et les réformateurs du dix-huitième siècle rêvaient pour l'enfance des salles de travail largement ouvertes à l'air et à la lumière, parées d'aimables images, entourées de bosquets de verdure. Nous avons presque réalisé cet idéal dans nos écoles ; nous en sommes loin dans nos Lycées.

Les projets d'amélioration pour les établissements existants.

Ce ne sont pas les projets d'amélioration qui ont manqué. Les plans et devis existent, nous sommes prêts[1]. Voilà plus de 15 ans que la réédification de Louis-le-Grand a été entreprise. Depuis lors, les projets ont succédé aux projets. En dernier lieu, il a été question de transporter l'établissement sur les terrains du Luxembourg ; il n'y aurait même pas trouvé la surface restreinte qu'il occupe aujourd'hui rue Saint-Jacques. On est revenu à l'idée de rebâtir sur place, et nous avons le ferme espoir qu'on s'y tiendra. Deux plans sont préparés pour le Lycée Fontanes. Soit qu'on surélève les bâtiments de la rue

1. Voir les *Exposés au Conseil académique* de M. Ad. Mourier (1862-1878).

du Hâvre, soit surtout qu'on annexe au Lycée un immeuble voisin, l'agrandissement ne peut être ajourné : études, classes, cabinet de physique, salle de dessin, gymnastique, tout y est insuffisant. A Charlemagne, des devis sont dressés pour la construction d'une seconde salle de dessin, de deux classes et de deux salles d'étude. A Saint-Louis, nous voudrions pouvoir entreprendre au moins l'opération si nécessaire de notre affranchissement sur la rue Monsieur-le-Prince.

L'évaluation de la dépense. — Les travaux urgents.

Ces améliorations représentent une dépense d'environ 8 500 000 francs : 6 000 000 pour Louis-le-Grand, 1 500 000 pour Saint-Louis, 1 000 000 pour Charlemagne et Fontanes. Mais les crédits nécessaires pour la reconstruction de Louis-le-Grand et l'agrandissement partiel de Saint-Louis peuvent être répartis sur plusieurs annuités. A Fontanes et à Charlemagne, il s'agit de travaux immédiats. Dans la situation actuelle, la plupart des réformes scolaires dont le principe est décidé seraient inapplicables. Comment enseigner le dessin sans salle de classe spéciale pour le dessin ? Comment dédoubler les classes alors que les locaux nous manquent pour recevoir les nouvelles divisions à former ? Comment créer cet enseignement primaire qui doit être un des attraits de nos programmes, si l'emplacement fait défaut pour l'organiser ? L'Administration supérieure de l'instruction publique se préoccupe vivement de ce grave intérêt et l'Administration municipale ne le méconnaît pas. Elles savent l'une et l'autre que depuis dix ans, dans le grand mouvement imprimé par le Gouvernement de la République au développement de l'instruction à tous ses degrés, aucun sacrifice sérieux n'a été fait pour les Lycées de Paris.

Les établissements à créer.

Aux besoins qui ne peuvent attendre s'ajoutent ceux avec lesquels il n'est pas moins nécessaire, dès aujourd'hui, de compter. Les améliorations dont nous venons de signaler l'urgence permettraient d'établir dans de meilleures conditions, au point de vue des études, les élèves qui fréquentent nos établissements ; elles ne nous fourniraient pas le moyen d'en recevoir davantage. Cette situation est-elle en rapport avec les devoirs et les intérêts de la capitale de la France ?

Paris comparé à Berlin, Vienne, Moscou, Dresde, Leipzig.

Pour une population de 2 410 849 habitants, Paris et les communes de la Seine qui forment sa banlieue comptent sept Lycées ou Collège ; ce qui fait

1 établissement pour 345 000 habitants (exactement 344 407). Pour une population de 1 079 581 habitants, Berlin, — qui, en 1865, avait déjà 9 gymnases, — en possède aujourd'hui 14[1], soit 1 pour 77 000 habitants (exactement 77 113); c'est-à-dire que pour une population moindre de moitié, Berlin offre près de cinq fois plus de ressources que Paris pour l'enseignement classique[2]. Et ce n'est pas une exception. Vienne, pour 737 285 habitants, a 7 gymnases; soit 1 établissement pour 105 000 habitants (exactement 105 326)[3]. Même proportion à Moscou, où l'on compte 6 gymnases pour une population d'environ 600 000 âmes[4]. A un degré inférieur dans l'échelle, Dresde compte 3 gymnases pour 127 387 habitants; Leipzig, 3 pour 197 295[5]; 1 pour 42 000 (exactement 42 431) ou 66 000 (exactement 65 765) habitants.

Mais n'insistons pas sur ces rapprochements: ne comparons Paris qu'avec Paris.

A la fin du dix-huitième siècle, Paris, dont la population ne dépassait pas 600 000 âmes[6], était doté de 10 Collèges de plein exercice[7]. C'est la situation

1. *Statistique de la ville de Berlin*, pour l'année 1878, p. 202. — Cf. *Étude sur l'instruction secondaire et supérieure en Allemagne*, par J. F. Minssen, 1866, p. 105. — Le chiffre de la population est tiré du *Bulletin de la statistique municipale de Paris*, janvier 1880.

2. Exactement 4,47.

3. Vienne, en 1865, n'avait que 4 gymnases. (Minssen, *Étude*, etc., p. 109.) En quinze ans, le nombre des établissements d'enseignement classique a donc presque doublé.

4. Renseignements fournis par M. Ilowaïski, docteur ès sciences historiques de l'Université de Moscou.

5. Minssen, *Étude*, etc., p. 114. — Les chiffres de la population sont ceux de la *Statistique* du 1er décembre 1875, la dernière statistique officielle qui ait été publiée.

6. 505 000 âmes au commencement du siècle, d'après les calculs de M. Husson. Le chiffre s'était élevé, en 1788, d'après le même statisticien, à 599 000.

7. Sur un « Plan de la salle des Écoles extérieures de la Sorbonne où se fait la distribution des « prix de l'Université de Paris au mois d'août de chaque année » (plan conservé dans les archives de l'Académie), on lit :

« Le 7 août 1760, se sont distribués les prix fondés pour couronner les meilleures compositions « faites en présence de l'Université par les étudiants de chaque classe de ses dix Collèges de plein « exercice :

« Harcourt	fondé en	1280;	« Lisieux	fondé en	1336;
« Cardinal-le-Moine	—	1302;	« Beauvais	—	1370;
« Navarre	—	1303;	« La Marche	—	1423;
« Montaigu	—	1311;	« Grassins	—	1569;
« Plessis	—	1322;	« Mazarin ou des Quatre-Nations	—	1661. »

que nous constatons en 1789. Après la Révolution, l'Empire rouvrit successivement, en 1802, Louis-le-Grand ; en 1803, Henri IV, Charlemagne et Fontanes ; en 1811, Saint-Louis. En 1826, le Collège libre de Sainte-Barbe, — plus tard (1830) Collège Rollin — est devenu Collège municipal ; enfin, en 1864, sous l'administration féconde de M. V. Duruy, Vanves a été créé. C'est le seul établissement qui, depuis le commencement de ce siècle, ait été ajouté à nos ressources d'enseignement secondaire.

Le décret du 15 novembre 1811, qui transformait le Collège d'Harcourt en lycée Saint-Louis, avait décidé l'ouverture de trois Lycées nouveaux : l'un dans l'ancien prieuré de Saint-Martin, occupé alors comme aujourd'hui par le Conservatoire des Arts et Métiers, qui devait être transféré dans les salles basses du Louvre ; l'autre dans une maison dite maison Sainte-Croix, rue de Charonne (XIe arrondissement) ; le troisième dans un pensionnat appartenant au sieur Parmentier, rue des Postes En même temps, les Lycées Charlemagne, Louis-le-Grand et Henri IV devaient être agrandis : un fonds de 3 180 000 francs était ouvert pour couvrir la dépense. Aucun de ces projets n'a été exécuté. Le décret de 1811 est resté lettre morte. Tels le premier empire avait, en 1803, créé les cadres de l'enseignement classique à Paris, tels ils sont aujourd'hui, Vanves excepté, alors que, depuis l'annexion des communes suburbaines (1859), la surface de Paris a plus que doublé[1], et que la population s'est accrue de 73 %[2].

On voit aisément les conséquences.

Un document officiel établit qu'en 1780 les dix Collèges de Paris comptaient 5 000 élèves[3]. Nous en avons aujourd'hui 6 792, défalcation faite des 120 élèves de l'enseignement secondaire spécial qui suivent les cours du

---

1. Le rapport exact de l'augmentation est de 57 p. % : 7 802 hectares au lieu de 3 100.

2. Au recensement de 1801, le chiffre de la population était de 517 000 ; il est actuellement (recensement de 1876) de 1 988 800. — Avant l'annexion des communes suburbaines, le chiffre de la population de Paris était de 1 174 000 (recensement de 1856) ; augmentation proportionnelle : 41 %.

3. Voir l'État comparatif des établissements d'instruction secondaire, en 1789 et en 1842, dans le *Rapport au Roi sur l'enseignement secondaire* en 1811, p. 298.

Lycée Charlemagne; différence, 1792. Telle est la mesure exacte de ce que l'enseignement secondaire a gagné en cent ans dans la capitale de la France[1].

Le ralentissement progressif de la population des Lycées de Paris.

Bien plus, tandis que, dans le reste de la France, la progression de la population des Lycées s'accélère, celle des Lycées de Paris se ralentit. On peut suivre de période en période ce mouvement de déclin.

En 1809, le nombre des élèves des Lycées de Paris était de 1 792 sur 9 068, soit 19,76 %. Le rapport, en 1830, s'élève à 30,13 %. Mais, dès les années suivantes, il commence à baisser.

En 1842, il descend à 28,20.

En 1865, — 17,39.

En 1870, — 15,08.

Enfin en 1879, il est de 15,09[2].

Le plan scolaire de Paris. Les régions déshéritées.

Il suffit, au surplus, de jeter les yeux sur un plan de Paris pour reconnaître que près de la moitié de la population est absolument privée de grands établissements publics d'enseignement secondaire. Les trois internats de l'État, Louis-le-Grand, Henri IV et Saint-Louis, sont groupés sur la rive gauche entre le Vᵉ et le VIᵉ arrondissement; leur sphère d'action s'étend au Iᵉʳ arrondissement et à une partie du VIIᵉ; elle ne va guère au delà. Fontanes, Rollin, Charlemagne sont établis sur la rive droite. Fontanes dessert le VIIIᵉ arrondissement, une partie du IXᵉ, le sud du XVIIᵉ et le nord du XVIᵉ arrondissement. Le reste du IXᵉ et une partie du Xᵉ et du IIᵉ forment la clientèle de Rollin. Charlemagne puise presque exclusivement la sienne dans le IIIᵉ et le IVᵉ. Toute la zone de l'est, celle qui comprend les XIᵉ, XIIᵉ, XIXᵉ et XXᵉ arrondissements, n'a aucun moyen d'éducation de cet ordre. Il en est de même au nord pour la plus grande partie du XVIIᵉ et pour le XVIIIᵉ arrondissement; de même au sud et au sud-ouest pour les XIIIᵉ, XIVᵉ et XVᵉ arrondissements et pour la partie méridionale du XVIᵉ.

Le concours de l'enseignement libre.

Les établissements libres peuvent-ils, dans une certaine mesure au moins, combler ces lacunes ?

L'enseignement secondaire libre avant 1850.

Avant 1850, l'enseignement secondaire libre comprenait deux catégories d'établissements distincts suivant les titres des maîtres qui les dirigeaient, suivant

---

1. Voir à l'Appendice le Tableau nº 2 (population des Lycées et Collège de Paris de 1809 à ce jour).

2. Le calcul ne porte que sur les élèves des cours classiques (le Collège Rollin compris).

nombre des élèves qu'il fournissait aux études classiques.

le degré d'instruction recherché par les élèves qui les fréquentaient. Les maîtres n'y donnaient pas eux-mêmes l'enseignement classique. Ils devaient se borner à le préparer et à le répéter, les chefs d'institution pour toutes les classes, les maîtres de pension jusqu'à la classe de quatrième. Pour être chef d'institution, il fallait posséder au moins le baccalauréat ès lettres et le baccalauréat ès sciences. Le diplôme de bachelier ès lettres ne donnait que le droit de tenir pension. C'était là sans doute une organisation où il ne faut point chercher l'application des principes de la liberté d'enseignement; mais on ne peut méconnaître ce qu'elle avait de puissant et ce qu'elle a eu d'utile. Les institutions entretenaient auprès des Collèges, surtout auprès des Collèges d'externes, de fortes pépinières d'élèves. En outre, grâce à leur prospérité matérielle, les chefs d'établissement pouvaient faire de notables sacrifices pour mettre l'éducation classique à la portée des familles de modeste aisance. C'est le temps des grandes maisons qui, sous le nom de Labrouste, Jauffret, Favart, Ma..ia, Verdot, Bellaguet, Hallays-Dabot, ont laissé un souvenir justement honoré. Sur les 102 établissements secondaires qui existaient en 1842 (29 institutions, 77 pensions), 86 (29 institutions, 57 pensions) suivaient les cours des Collèges; et parmi les 6 365 élèves qu'ils recevaient, 5 500 environ, plus de 86 %, participaient à l'enseignement classique.

La statistique des élèves de l'enseignement secondaire libre en 1879. — Comment elle se décompose.

Le nombre des élèves recensés dans les établissements libres, au commencement de l'année scolaire 1879, s'élevait à 10 704, soit, relativement à 1842, une différence de 4 339 [1]. Mais cette augmentation n'est pas tout entière au bénéfice des études classiques. La loi de 1850 a profondément modifié le régime de l'enseignement secondaire. Aujourd'hui, avec le brevet de bachelier ou même avec un diplôme délivré par un jury spécial, il est permis de tout enseigner. De là, dans chaque établissement, une variété d'études aussi étendue que le comporte la variété des désirs ou des besoins. Parmi les 10 704 enfants ou jeunes gens qui composent l'effectif des établissements libres, 3 067 (soit 28,65 %) s'adonnent exclusivement aux études spéciales ou ne vont même pas au delà des études primaires. Restent pour l'enseignement classique proprement dit 7 637 (71,35 %); ce qui, si l'on compare la situation à celle de 1842, ramène à 2 137 l'augmentation constatée.

1. Voir à l'Appendice le Tableau n° 3.

2

Mais ce qu'il importe surtout de remarquer, c'est que sur ces 7 637 élèves, 4 272 appartiennent à des établissements fondés et soutenus par des associations : tels Sainte-Barbe, Stanislas, Monge, Saint-Ignace, le Collège de Vaugirard, l'École de la rue des Postes. Il n'y a que les associations, en effet, les associations religieuses surtout, qui soient de force à soutenir les dépenses qu'imposent les conditions de l'existence à Paris. Les établissements qui ne peuvent compter que sur eux-mêmes plient plus ou moins sous la charge. Les familles acceptent volontiers que leurs enfants jouissent d'un meilleur régime et soient instruits par de meilleurs moyens ; elles supportent malaisément que ces améliorations leur coûtent quelque chose. L'enseignement primaire enlève aux établissements secondaires, par la concurrence des prix, les élèves qui ne prétendent qu'à des connaissances limitées. L'externat surveillé, organisé depuis quelques années dans les Lycées, attire ceux qui restent fidèles aux études classiques.

On jugera des difficultés de la situation par ce simple rapprochement. Nous avons dit qu'il existait en 1842, c'est-à-dire dans l'ancien Paris, 102 établissements secondaires libres ; Paris agrandi n'en possède que 95. Des 3 365 élèves qui n'appartiennent pas aux écoles entretenues par des associations, 1 328 fréquentent les Lycées ; les autres suivent des cours d'études intérieurs et simplement pour la plupart des cours de préparation au baccalauréat. Rien ne manque à ces établissements, en général, de ce qui peut justifier la confiance publique. 42 chefs de maison sur 95 possèdent des grades supérieurs à celui que la loi exige : 3 sont agrégés ; 1 docteur ; 25 licenciés ; 7 bacheliers ès lettres et ès sciences ; 6 joignent au diplôme du baccalauréat les brevets de l'enseignement secondaire spécial ou de l'enseignement primaire. A ces garanties de valeur ils joignent les plus honorables sentiments de dignité professionnelle. Ils ont à cœur de tenir leur rang dans les cadres réguliers de l'Université. Mais les meilleures maisons sont obligées de se restreindre, quelques-unes même de fermer. Dans le cours des vingt dernières années, — de 1860 à 1870, — la proportion des externes de pensions fréquentant les classes des Lycées est tombée de 32,24 %, à 20,37[1].

1. Voir à l'Appendice le Tableau n° 9.

*Leur réparti-
tion sur la surface
de Paris.*

Les ressources de l'enseignement libre classique tendent donc à se réduire, bien loin qu'on puisse espérer de les voir se développer. Telles qu'elles existent, elles ne profitent qu'à la moindre partie de Paris. C'est dans le V⁰ et le VI⁰, le VIII⁰ et le IX⁰, le XVI⁰ et le XVII⁰ arrondissement, autour des établissements de l'État, que sont réunies toutes les institutions de quelque importance : 76 sur 95. Les 14 autres arrondissements en comptent ensemble 19 ; 4 arrondissements en ont de 2 à 4; 7 en ont 1; 3 n'en ont pas.

*La nécessité de
créer de nou-
veaux Lycées.*

Ainsi, à quelque point de vue qu'on se place, soit que l'on compare la capitale de la France avec les principales capitales de l'Europe, soit que l'on étudie en elle-même la situation de Paris, la création d'un certain nombre de Lycées apparaît comme une nécessité impérieuse.

*Le plan d'en-
semble soumis au
Ministre.*

Dès le mois d'avril 1879, nous avons soumis à M. le Ministre un plan d'ensemble. Il comprend six établissements : trois dans Paris, trois dans la zone extérieure de Paris.

*Les Lycées inté-
rieurs.*

Les trois Lycées intérieurs seraient établis :

Un à l'est de Paris, sur le prolongement de l'avenue de la République; il desservirait la région des XI⁰, XII⁰, XIX⁰ et XX⁰ arrondissements;

Un autre au nord, entre le XVII⁰ et le XVIII⁰ arrondissement, où se trouve agglomérée une population de 269 046 habitants (Lille et le Havre réunis n'en comptent que 254 843.) ;

Le troisième entre les VII⁰, XIV⁰ et XV⁰ arrondissements, qui répondrait aux besoins de la région du sud-ouest.

*Les Lycées de
la zone subur-
baine.*

Les établissements de la zone extérieure seraient: l'un au nord-est, vers Drancy ou Dugny; l'autre au sud-est, à Saint-Mandé; le troisième au nord-ouest, sur les confins de Neuilly. Avec Vanves, cette sorte de système suburbain serait complet.

*Le commence-
ment d'exécu-
tion. Le Collège
Janson de Sailly.*

Une partie de ce plan est dès aujourd'hui en voie d'exécution. Sur les produits du legs Janson de Sailly[1], un terrain de près de 33 000 mètres

---

1. Voici les termes de ce legs : « La propriété de tous mes biens, sous la déduction et à la « charge des legs susdits, appartiendra à l'Université, laquelle voudra bien créer à Paris une « institution sous le nom de *Collége Janson*, où des jeunes gens distingués par leur amour filial et

(exactement 32 744 m. 98), a été acquis à Passy, derrière le Trocadéro. Les travaux sont à la veille d'être mis en adjudication. L'État, qui a contribué pour près d'un million à l'acquisition du terrain, prend exclusivement à sa charge les frais de construction.

Les Lycées de l'Avenue de la République et du quartier de Grenelle. D'un autre côté, le Conseil supérieur de l'instruction publique, consulté (9 juin 1880) sur l'opportunité de créer les deux Lycées intérieurs de la région de l'est et du sud-ouest, a déclaré l'urgence, et la Ville de Paris a été saisie d'une demande de concours pour la fondation de ces deux établissements. Ce concours ne nous manquera pas[1].

Le concours de la Ville de Paris. Le zèle du Conseil municipal pour tous les intérêts de l'éducation nationale suffirait à justifier notre espérance. Elle repose en outre sur des considérations dont l'équité ne peut lui échapper.

Le nombre des élèves des Lycées de Paris nés à Paris. On dit volontiers que les enfants élevés dans les Lycées de Paris ne sont pas de Paris, et que la Ville ne doit rien à ceux dont les familles ne contribuent pas aux charges communes.

Fût-il exact, ce raisonnement, appliqué à la capitale d'un grand pays, nous paraîtrait contestable; mais il n'est rien moins que fondé. Sur les 6 912 enfants relevés dans la statistique du mois de novembre, 3 571, soit 51,66 %, sont nés à Paris. La proportion s'élève à 54,67, lorsqu'on

---

« âgés au moins de 12 ans recevront l'éducation des *humanités*, — et à laquelle seront consacrés « les deniers libres de ma succession, soit dès son ouverture, soit à mesure de l'extinction des « rentes viagères....
« Fait à Paris, le 21 août 1828.
« Signé : JANSON DE SAILLY. »

M. Janson de Sailly est décédé le 6 décembre 1829. Le legs est devenu disponible en 1876, à la mort de Mme la duchesse de Riario-Sforza. Le montant était d'environ 1 900 000 fr.

Un décret du 30 décembre 1876 a autorisé la création, à Paris, d'un établissement d'enseignement secondaire portant le nom de *Collège Janson*.

Une pétition a été adressée à M. le Ministre, le 2 février 1877, par les habitants de Passy, pour que ce Lycée fût érigé dans leur quartier. — Dans une délibération en date du 6 février 1877, le Conseil municipal de Neuilly a émis le vœu que le Collège Janson de Sailly fût érigé sur un terrain aussi rapproché que possible de la ville de Neuilly.

1. « Pour la construction de ces deux Lycées, je puis mettre à votre disposition 1 500 000 fr. « sur l'exercice courant et une somme égale en 1881, à la seule condition que la Ville de Paris « affecte de son côté à ces mêmes établissements une somme de 3 000 000 répartie sur ces deux « exercices. » (*Lettre du Ministre de l'Instruction publique au Préfet de la Seine, 4 avril 1880.*)

ajoute ceux qui appartiennent par leur origine à la banlieue de Paris; et elle serait encore un peu plus élevée si, prenant à part les élèves qui font toutes leurs études à Paris, nous éliminions les jeunes gens qui viennent à Louis-le-Grand et à Saint-Louis achever leur préparation aux grandes Écoles du gouvernement. Le rapport dépasse, à Henri IV et à Fontanes, 55; à Charlemagne, 57; à Vanves, 63[1].

Le nombre des élèves des Lycées de Paris dont la famille habite Paris. — Mais c'est le domicile des parents qui crée les charges et qui constitue le droit. Or, pour 5 245 élèves sur 6 912, soit près de 76 % (exactement 75,88), Paris est le domicile de la famille; et cette proportion s'élève, au Collège Rollin, au-dessus de 80, au Lycée Fontanes, au-dessus de 88. Ici encore, c'est Saint-Louis qui, pour les mêmes raisons, fait un peu fléchir la moyenne commune[2].

Les professions des familles. — Ces chiffres ont d'autant plus d'importance qu'ils s'appliquent à une population pour laquelle l'éducation des enfants est un sacrifice consenti de grand cœur, mais un sacrifice. Le nombre des chefs de famille qui ne sont voués à aucune profession est de 33 % (exactement 33,07); tous les autres, 67 % environ, appartiennent à l'industrie, au commerce, aux administrations publiques et privées, aux professions dites libérales, à cette classe moyenne, en un mot, qui vit modestement, non sans privations parfois, de travail et de probité[3].

La place à faire aux enfants sortant des écoles primaires. — Ce n'est pas à cette classe seule, d'ailleurs, que profiterait le développement des ressources de l'enseignement secondaire. Nous avons constaté que, dans les cinq Lycées du ressort académique autres que ceux de Paris, — Versailles, Bourges, Orléans, Reims, Vendôme, — il se trouvait, au mois de novembre dernier, 506 enfants (sur 2 318) qui avaient commencé leurs études dans les écoles primaires, soit une proportion de 21,82 %. D'autre part, dans les vingt-quatre Collèges du ressort académique, cette proportion était de 48,26 % (1 775 sur 3 678). A Paris, le nombre des élèves de

1. Voir à l'Appendice le Tableau n° 4.
2. Voir à l'Appendice le Tableau n° 5.
3. Voir à l'Appendice le Tableau n° 6.

cette provenance est au-dessous de toute comparaison : 54 sur 6 012, soit
0,78 %[1].

Cette infériorité s'explique, en partie, sans doute, par la prospérité de
l'enseignement municipal. Les programmes du Collège Chaptal et des Écoles
Turgot sont merveilleusement appropriés aux besoins de la population pari-
sienne. Mais ces établissements suffisent-ils pour mettre en valeur toutes les
forces vives que recèlent les classes laborieuses? Le devoir d'une démocratie
éclairée n'est-il pas d'opérer dans son sein, par la libre émulation du travail,
la sélection des intelligences? Entre l'enseignement primaire et l'enseignement supérieur, devenus l'un et l'autre accessibles à tous par la gratuité,
l'enseignement secondaire est le lien nécessaire. Ce n'est pas assez d'aug-
menter le nombre des bourses de mérite, si l'on ne commence par multiplier
les établissements où l'on peut en jouir. Du jour où des établissements nouveaux seront ouverts, ils seront pleins. C'est à Paris surtout qu'il n'y a qu'à
frapper la terre pour qu'il en sorte des élèves. Lorsqu'on a transféré Rollin
du fond du quartier latin au pied de la butte Montmartre, il semblait qu'on
allât le porter dans un désert. On objectait aussi le voisinage de Fontanes,
de Monge et de Chaptal. Depuis cette translation, Rollin a doublé son effectif
qui, de 400, s'est élevé à plus de 800; et jamais Fontanes, Monge ni Chaptal n'ont été plus peuplés. Un externat a été fondé rue de Madrid, et il a
recueilli à son tour plus de 600 jeunes gens. Cela seul est une lumière
et doit être un avertissement. Ce que ne fera pas la ville de Paris en
associant ses ressources à celles de l'État, d'autres le feront.

II.

L'organisation des nouveaux établissements.

On se préoccupe des conditions d'organisation des nouveaux établissements. Quel en sera le régime? L'internat ou l'externat?

L'internat. — Ses inconvénients. — Les principes de la pédagogie française.

Tout a été dit sur l'internat : les dangers qu'il peut présenter sous le
rapport de l'hygiène, dans les agglomérations trop considérables; sa claus-
tration malsaine pour l'esprit comme pour le corps; ses cadres rigides, ses

1. Voir à l'Appendice le Tableau n° 7.

règles étroites, qui brisent trop souvent, chez l'enfant, le ressort de la volonté, qu'une éducation bien entendue doit avoir pour objet de fortifier; la difficulté du recrutement des maîtres intérieurs; l'éloignement de la famille, qui se désintéresse, tandis que l'enfant lui-même se désaffectionne. On ajoute que l'institution n'existe pas à l'étranger, ou qu'elle n'y est qu'une exception. Pour être juste, il conviendrait de dire aussi que notre grande école française de pédagogie n'a jamais été favorable au principe de l'internat. On connaît les imprécations d'Érasme et de Montaigne. L'abbé Fleury n'admet l'internat que sous la forme de la vie de famille que lui avaient donnée les maîtres de Port-Royal. Fénelon s'élève contre l'éducation des couvents. Il veut que les jeunes filles soient élevées dans le monde et pour le monde. Quant aux garçons, l'auteur de *Télémaque* demande qu'ils soient instruits par les soins de l'État au milieu des exemples de la cité vivante et agissante. Au dix-huitième siècle, le sentiment commun des philosophes et des magistrats, de Voltaire et du procureur général La Chalotais, de Diderot et du président Rolland n'est pas moins contraire à l'internat. La Convention, qui ne s'attardait pas aux discussions et aux demi-mesures, le supprima.

L'internat des établissements libres et l'internat familial. — Leur insuffisance.

Aujourd'hui la question n'est pas controversée moins vivement[1]; mais l'esprit de système n'en décide plus. On fait la part de la nécessité. L'internat est généralement condamné pour l'éducation des filles, rien ne pouvant suppléer la vigilance délicate de la tendresse maternelle. On l'accepte pour les garçons, non comme la meilleure des institutions, mais comme une institution indispensable. Voici un père de famille qui est éloigné de tout centre d'éducation; il a une fonction qui l'oblige, un emploi qui l'absorbe; il faut qu'il assure par son travail personnel le présent et l'avenir de ses enfants; le loisir et la liberté d'esprit lui manquent pour s'occuper lui-même de leur éducation. A qui en commettra-t-il le soin?

Ni l'internat des établissements libres ni l'internat familial, ce qu'en Allemagne et en Angleterre on appelle le régime tutorial, ne peut remplacer

---

1. Voir Prevost-Paradol, *Du rôle de la famille dans l'éducation.* — E. Bersot, *Essais de Philosophie et de Morale*, tome II, page 76. — Victor de Laprade, *L'Éducation libérale.* — Sainte-Claire Deville, *De l'internat et de son influence sur l'éducation*, Mémoire inséré dans le Recueil des Mémoires de l'Académie des Sciences morales, 1871, p. 103. — Jules Simon, *La réforme de l'enseignement secondaire*, 3e partie, chap. 2, où la question est traitée d'une manière définitive.

pour lui l'internat des établissements de l'État. Lorsque l'internat libre est nombreux, il présente les mêmes dangers sans offrir les mêmes garanties. S'il compte peu d'élèves, le prix de pension n'en est pas abordable pour tout le monde. Telle est, à plus forte raison, l'objection que soulève l'internat familial. Il est le privilège du petit nombre. Il peut satisfaire aux convenances d'une société aristocratique; il ne répond point aux exigences d'une démocratie. D'ailleurs, même dans les conditions les plus propres à en assurer le succès, l'institution n'est pas à l'abri de la critique. Si à côté du tuteur intervient un professeur, les deux autorités se nuisent, et l'une des deux finit par en souffrir. L'observation en a été faite au berceau même du système tutorial en Angleterre, au Collège d'Oxford. Si le professeur remplit en même temps l'office de tuteur, il est difficile que la fonction n'en éprouve pas quelque détriment. Il n'est pas de labeur qui exige plus que le professorat l'entière possession de soi-même. On ne joint pas impunément au travail de la préparation d'une classe le souci absorbant d'une éducation privée. Pestalozzi, qui a passé sa vie à se donner, disait qu'il n'avait jamais été bon maître que les jours où il s'était appartenu pendant quelques heures. Il se comparait à ces sources qui se ramassent à l'ombre d'un rocher avant de se répandre.

La nécessité des internats publics. — Ils doivent être placés en dehors des villes.

Il faut d'ailleurs tenir compte des mœurs. Il y a quatre cents ans que l'internat est notre régime d'éducation nationale. On ne modifie pas en un jour une pratique séculaire. Nous aurons fait un pas considérable, presque décisif, le jour où il ne sera plus créé d'internats que hors des villes. Les écoles de l'Angleterre, Oxford, Harrow, Rugby, Saint-Paul, ont toutes été placées à la campagne, au sommet ou au pied de collines boisées; de vastes prairies les entourent; des cours d'eau les traversent; de tous les côtés l'horizon s'ouvre libre et riant [1]. Nous ne demandons rien, au surplus, que n'offre déjà notre Lycée de Vanves avec ses vastes préaux, ses beaux ombrages, ses eaux jaillissantes, son manège, sa salle d'armes, son bassin de natation. Tels nous voudrions voir les établissements dont nous avons proposé la création à Drancy et à Saint-Mandé. Notre clientèle ne se refusera pas à nous suivre. Vanves n'avait été organisé primitivement que pour les classes élémentaires. Ce sont les familles qui ont demandé que leurs enfants pussent

1. Voir Demogeot et Montucci, *De l'enseignement secondaire en Angleterre et en Écosse*, 1868.

y rester, d'abord jusqu'à la cinquième, puis jusqu'à la quatrième, et cela, alors que la multiplication des moyens de transport n'avait pas, comme aujourd'hui, rendu les relations si faciles. Les professeurs ne nous manqueront pas non plus, pour peu que, par une équitable élévation des traitements, on les dédommage du sacrifice des ressources qu'ils trouvent à Paris, et que des bibliothèques bien pourvues leur fournissent des moyens de travail. Combien, par cela seul, deviendraient praticables, dans notre système d'éducation nationale, des améliorations que ne permet pas la discipline nécessairement concentrée des internats urbains !

A Paris même, c'est l'externat seul qu'il s'agit de développer. Il doit être le régime des deux établissements dont la création est décidée; il sera aussi, nous l'espérons, celui des établissements à venir. S'il est indispensable de maintenir l'internat, en le modifiant, pour parer à des nécessités que l'État ne doit point méconnaître, il est certain que l'institution, indépendamment de toutes les objections de principe qu'elle soulève, n'est plus en harmonie avec les conditions et les exigences de la vie moderne. La société qui l'a créée au seizième siècle l'avait faite à son image et en vue de ses besoins. Les Collèges n'étaient ouverts qu'au petit nombre. On y élevait la jeunesse pour l'Église ou pour la robe. Le recueillement d'une vie presque monastique servait les vocations qu'elle devait développer, souvent même faire naître. L'uniformité absolue des règles, des doctrines, des exemples, qui était le fondement de cette éducation, ne rencontrait aucune résistance, n'éveillait aucune inquiétude dans les familles, profondément imbues des maximes d'une raison d'État, d'une religion d'État. Tel n'est pas le caractère de la société du dix-neuvième siècle, civilement et politiquement émancipée, passionnément jalouse de son indépendance, avide d'instruction, où tout est ouvert à tous, où le père de famille n'abdique aucun de ses droits, où l'enfant doit être préparé de bonne heure à la bataille de la vie. C'est l'éducation de l'externat qui répond à cet état des mœurs. Moins coûteux à créer, sinon à entretenir, il peut être multiplié plus vite et plus aisément mis à la portée de tous. En assurant à l'enfant les avantages du travail réglé, de l'émulation, des camaraderies aimables et utiles, il ne le sépare pas du monde où il est appelé à se faire sa place. Enfin il laisse à la famille sa part d'action légitime et nécessaire.

3

Ainsi le comprend la famille elle-même. Près de la moitié de nos élèves, 3 101, ou 44,86 %, n'avaient eu, avant d'entrer au Lycée, d'autre direction que celle de la famille[1]; et au Lycée, 3 210, ou 46,15 %, sont demeurés, comme externes surveillés ou comme externes libres, sous la direction de la famille[2].

Une modification notable s'est produite, sous ce rapport, depuis 20 ans dans nos mœurs scolaires. A Louis-le-Grand, par exemple, de 1860 à 1880, le rapport de l'internat à l'externat a baissé de 64 % (exactement 64,40) à 44 % (exactement 43,95); tandis que le rapport de l'externat à l'internat s'est élevé de 35 à 56 (exactement 35,59 et 56,05); soit une différence de plus de 20 %. A Charlemagne, le nombre des externes de pension est descendu de 74,42 à 38,54; celui des externes libres, qui était de 25,55, a atteint 61,41. A Fontanes, la proportion des externes de pension qui était de 46,96, n'est plus que de 34,68; celle des externes libres, qui était de 53,04, dépasse maintenant 65 (exactement 65,31). Rollin, qui n'était, rue des Postes, qu'un pensionnat, doit, avenue Trudaine, sa prospérité aux externes, qui concourent aujourd'hui pour plus de moitié (56,07 %) à sa population.

Une forme de l'externat mérite d'être particulièrement signalée: c'est celle qui, sous le nom d'externat surveillé, permet à l'enfant de participer à tous les exercices du Lycée, sans renoncer à la vie de la famille où il rentre le soir, après sa journée de travail. L'institution a pris naissance à Fontanes. Introduite à Charlemagne, elle s'y est rapidement développée : de 72, en 1860, le nombre des externes surveillés s'est élevé à 219, soit près de 25 % (exactement 23,78) de l'effectif total. Aussi est-ce sur ce principe qu'ont été fondées un certain nombre d'écoles nouvelles, — les écoles Bossuet, Fénelon, Massillon, — qui envoient leurs élèves à nos classes. L'enseignement libre peut trouver dans ce système d'éducation mixte une forme de rajeunissement. Il répond à des préoccupations de l'ordre le plus grave et le plus délicat.

Il n'est pas d'institution parfaite. Si l'un des dangers de l'internat est de trop séparer l'enfant de la famille, l'externat libre proprement dit a de son

1. Voir à l'Appendice le Tableau n° 7.
2. Voir à l'Appendice le Tableau n° 9. — Cf. Tableau I.

côté l'inconvénient de lui en faire partager avant l'heure les émotions, les soucis, les plaisirs. Il peut en résulter une maturité précoce qui n'est pas la bonne. Les pédagogues les plus résolus à réclamer l'intervention de la famille dans l'éducation lui fixent ses limites. Montaigne, qui parle de l'internat en fils de grand seigneur, qu'on ne réveillait qu'au son de la flûte, ajoute que « ce serait une grande simplesse de livrer un enfant à la direction de son « père ou de son gouverneur. » Un de ses contemporains, le président Henry de Mesmes, disait dans le même sens que rien ne vaut pour l'enfant « la « conversation de la jeunesse gaie et innocente et la règle qui le fait dégorger « en eau courante. » Telle est aussi la pensée de Rollin. Après avoir remarqué qu'il n'y a que deux manières en usage d'élever la jeunesse, « qui sont : de « mettre les enfants pensionnaires au Collège ou de les instruire chez soi », il se demande s'il n'y en aurait pas une troisième, « laquelle consisterait à les « faire profiter des avantages du Collège en maintenant le lien avec la maison « paternelle. » Ce procédé intermédiaire qu'il cherchait, l'externat surveillé le réalise. Il conserve l'enfant à la famille, tout en l'assujettissant à cette discipline de l'existence commune, de l'existence de son âge, qui est le véritable apprentissage de la vie.

Le régime des études dans les nouveaux établissements.

A cette question du régime d'éducation se rattache étroitement celle du régime des études. On peut se demander si, dans les établissements à créer, les programmes devront être exactement ceux de nos Lycées actuels? Le problème est nouveau et grave. Une loi seule peut le résoudre. Mais il n'est pas interdit de le poser.

Notre système d'enseignement national. — Son uniformité étroite. — Nécessité de le diversifier. — Les exemples des pays étrangers. — Les Lycées de l'avenue de la République et des quartiers de Grenelle et de Montmartre.

Il est incontestable que les cadres de notre enseignement national manquent de souplesse. Nous n'avons que deux types d'études : les études classiques et les études dites spéciales. Ne peut-on concevoir des établissements intermédiaires où le programme n'embrassant pas uniformément les mêmes matières permettrait de donner aux unes ou aux autres une importance en rapport avec tels ou tels besoins? C'est ainsi qu'en Allemagne on distingue, à côté des gymnases, les écoles réelles avec enseignement du latin, et les écoles réelles sans enseignement du latin. Quelle raison y a-t-il pour que le plan des études du Collège de Castres soit identiquement le même que celui du Lycée Louis-le-Grand? Ce qui fait le caractère original de l'organisation de l'instruction publique en Angleterre, c'est que chaque établissement tient sa nature, pour ainsi dire, du sol où il s'est développé. Il en est des ressources intellectuelles d'une nation comme de la richesse naturelle d'un pays. On distingue en France un certain nombre de régions de culture, suivant le climat et les conditions géologiques. On se garde bien de demander à la Bourgogne les mêmes produits qu'à la Normandie, à la Flandre qu'à la Provence. Et c'est cette variété même qui fait notre richesse. Au dix-huitième siècle, au moment où la question des grains passionnait les économistes, un grand ministre du Portugal, le marquis de Pombal, s'imagina de faire arracher toutes les vignes de son pays pour établir partout la culture du blé, et il ne réussit qu'à appauvrir son pays. N'est-il pas à craindre qu'il en soit de même des résultats d'un système qui soumet tous les esprits au même régime d'études, sans tenir compte des différences d'aptitude naturelle, de condition sociale, de loisir? Paris, qui est un monde, ne contient-il pas bien des germes d'intelligence arrêtés ou contrariés dans leur développement, faute d'avoir trouvé la nourriture qui leur était propre? Ce n'est pas dans cette uniformité, toute d'apparence et de surface, que consiste l'unité nationale. Plus profondes en sont les racines. Elle tient à la conformité fondamentale d'esprit, de raison, de sentiment, qui doit être la règle commune, l'âme de tout notre enseignement. Quant aux hautes études classiques, elles ne perdront rien à voir fleurir à côté d'elles une éducation libérale d'un moindre degré. Réservées à ceux qui en auront le goût, elles gagneront en indépendance, en force; et d'autres enseignements, non moins honorés à leur rang, non moins féconds dans leur mesure, profiteront des intelligences qui viseront un but moins élevé. Ce triage des esprits se fait de lui-même. Sur le fonds commun de l'enseignement de nos Lycées, il est aisé de remarquer des divergences de direction. Saint-Louis attire plus spécialement les jeunes gens qui se destinent à l'École polytechnique ou à Saint-Cyr. Charlemagne et Louis-le-Grand sont les deux grands foyers de préparation à l'École normale. Ce qui caractérise Fontanes, c'est qu'on ne s'y effraie pas des études prolongées; on se sent dans un milieu où ni les ressources, ni les loisirs nécessaires à la grande éducation ne font défaut. Les Lycées classiques de l'avenue de la République, des quartiers de Grenelle ou de Montmartre ne pourraient-ils avoir aussi leur caractère propre et s'adapter, tant par la nature que par la durée des études, aux besoins des enfants qui sont appelés à les fréquenter?

Quel que soit le caractère des établissements nouveaux, il importe que les cadres en soient restreints.

Deux mesures, salutaires entre toutes, doivent marquer l'inauguration des nouveaux programmes : la diminution des effectifs de classe et l'institution des examens de passage.

L'enseignement, tel qu'on le comprend, tel qu'on veut l'appliquer aujourd'hui, exige de la part du maître et de l'élève une réciprocité d'efforts que rendraient impossible des classes trop chargées. Dans les écoles anglaises, le nombre des élèves ne dépasse jamais 25 ou 30; il descend quelquefois jusqu'à 10 et même au-dessous de 10. Est-il besoin de dire que ce chiffre nous paraît constituer un cadre tout à fait insuffisant? La variété des aptitudes est un élément d'émulation pour les enfants, et elle oblige le professeur à diversifier ses moyens d'action afin de trouver l'accès de toutes les intelligences. L'inégalité des connaissances et des facultés a même, dans une certaine mesure, son utilité. Il n'est pas mauvais que les moins avancés ralentissent de temps à autre la marche des plus forts; il y a toujours profit pour l'enfant, s'il est bien dirigé, à revenir sur ses pas, à repasser sur ses traces; la répétition, a dit Rollin, est l'âme de l'enseignement. Rollin parlait ici des classes élémentaires. Pour l'enseignement d'un degré plus élevé, le nombre n'a pas moins, à un autre point de vue, ses avantages; il soutient et anime le professeur. Si les classes les moins peuplées étaient nécessairement les meilleures, les études, à égalité de titres chez les maîtres, donneraient plus de résultats dans les petits Lycées que dans les grands, dans les Collèges que dans les Lycées; et c'est le contraire qui est vrai. Des divisions de 20 à 25 élèves pour les classes élémentaires, de 25 à 30 pour les classes de grammaire, de 30 à 35 pour les classes d'humanités, de 50 au plus pour les classes supérieures : tels sont les termes entre lesquels il nous semblerait utile de fixer les limites de nos effectifs. Dans ces conditions, le professeur peut stimuler les énergies individuelles, sans que cette action, isolée à dessein, et portant tour à tour sur chaque élève, empêche de se

former ces grands courants de travail commun qui contribuent si puissam-
ment à l'avancement d'une classe.

Les examens de passage.

L'institution des examens de passage n'est pas nouvelle ; elle a été édictée
bien des fois. On hésitait à l'appliquer, d'abord pour des raisons d'ordre
financier, le nombre étant considéré comme un élément de produit. Dès
que l'État est résolu à proportionner ses sacrifices aux résultats qu'il veut
atteindre, cette difficulté, la plus considérable de toutes, cesse d'exister.
On devait craindre aussi de jeter dans l'embarras les familles auxquelles
leurs enfants pouvaient être rendus. Le jour où nous serons arrivés à
créer des établissements d'enseignement classique de divers degrés, l'objection aura tout au moins perdu de sa force. Aujourd'hui on s'effraie
surtout du surcroît d'efforts que ces épreuves annuelles imposeront aux
élèves. En réalité, elles n'exigeront rien de plus que le travail régulier
de tous les jours. Pour les meilleurs, les notes et les places obtenues dans
le cours de l'année décideront, sans qu'il soit nécessaire de recourir aux
formalités d'un examen spécial. Ceux qui ne se seront signalés que par
leur inaptitude ou leur mollesse auront également prononcé d'avance sur
leur sort. Restent les intelligences lentes, avec lesquelles il faut toujours
compter. Les facultés de l'enfant ont leur germination comme les plantes,
et cette germination est plus difficile chez les uns que chez les autres. Le
conteur des *Mille et une Nuits* se vantait d'entendre sous la terre le bruis-
sement de la semence en travail ; c'est ce travail obscur, tout intérieur,
auquel un bon maître doit prêter l'oreille ; et dans des classes restreintes,
comme celles que nous aurons désormais, il sera possible de ne négliger
aucun effort. L'examen de passage se fera ainsi très simplement ; la mesure
qui interviendra en fin d'année ne sera que la consécration des résultats
patiemment constatés. Et cette sanction n'aura pas seulement pour effet
d'assurer dans chaque classe l'homogénéité des intelligences et des volontés,
au grand profit de la direction générale de l'enseignement ; elle introduira
dans notre système d'éducation une condition supérieure de moralité.
Ceux-là seuls arriveront aux grades destinés à couronner les études classiques, qui fourniront à la société le gage d'une intelligence éclairée et
d'une volonté forte. Si c'est là un idéal que nous ne pouvons nous flatter

d'atteindre tout de suite, nous avons du moins, en le poursuivant, des chances sérieuses d'écarter de nos cours les non-valeurs, qui en ont trop souvent causé l'affaiblissement.

La nécessité de réduire l'effectif général des établissements.

Toutefois, pour assurer ces résultats, ce ne sont pas seulement les effectifs de chaque classe qu'il est nécessaire d'abaisser, c'est l'effectif général des établissements. L'école anglaise la plus peuplée reçoit 800 jeunes gens, et l'on trouve que ce chiffre est excessif. La moyenne commune est de 400 à 500 élèves; Rugby ne dépasse pas 200. Les 6 012 élèves de Berlin sont répartis entre 14 gymnases. Le plus nombreux en compte 600. C'est cette limite que nous voudrions voir prendre pour maximum dans les Lycées nouveaux. Nos Proviseurs sont absorbés par les soins d'une administration qui embrasse, nous l'avons vu, 1 000, 1 200 et jusqu'à près de 1 700 enfants. Dans ce renouvellement incessant d'élèves, qui est la vie même d'un Collège, à peine arrivent-ils à les connaître tous. Comment pourraient-ils les diriger avec une pleine efficacité, intervenir à temps pour éclairer et fortifier leur volonté contre les mauvaises suggestions ou les défaillances, leur inculquer le sentiment de leur personnalité morale, les établir enfin en possession d'eux-mêmes? Pour peu qu'on se soit occupé d'éducation, on sait quelle transformation s'opère dans l'esprit d'un enfant qui se croyait perdu dans la foule d'une classe, et qui, tout d'un coup mis en lumière par un accident heureux, se voit de la part du maître l'objet d'une attention inespérée. C'est cette part de sollicitude que nous voudrions pouvoir assurer à tous, en allégeant pour les Proviseurs un fardeau qui dépasse les forces humaines. Il ne nous suffit pas de former des élites. Rien ne nous touche plus que cette masse de bons esprits, justes et ouverts, que les études classiques préparent sans éclat, mais sûrement, à l'accomplissement des devoirs de la vie.

III.

Les résultats qu'on est en droit d'espérer des sacrifices demandés.

Ce que nous pouvons affirmer, c'est que les sacrifices que nous demandons à la Ville et à l'État ne seront pas perdus.

La crise de l'instruction secondaire.

Depuis dix ans, notre instruction secondaire traverse une crise. L'instruction supérieure et l'instruction primaire sont l'objet d'une faveur éclatante.

Les conseils locaux rivalisent de zèle avec les pouvoirs publics pour créer ou développer les établissements, enrichir les laboratoires, modifier le matériel d'enseignement, et un grand sentiment de confiance s'est produit. Il n'est pas une seule commune peut-être, en France, que ce souffle de rénovation n'ait touchée et soulevée. Les plus modestes instituteurs ont compris, comme les savants les plus illustres, que tout le pays était avec eux. L'enseignement secondaire, cependant, restait dans le délaissement; et comme il arrive parfois dans les mouvements d'opinion, l'opinion s'en est prise à ceux-là mêmes qu'elle frappait.

Les réformes. — Le personnel enseignant.

Invitée par un ministre libéral à se réformer elle-même, l'Université vient, dans sa pleine indépendance, de se tracer ses voies. Les sacrifices nécessaires ont été consentis. Une large place a été assurée à l'étude du français. L'enseignement des langues vivantes a été développé, celui des sciences étendu à toutes les classes. Une pensée devenue familière à tous les bons esprits depuis la publication des livres de MM. Michel Bréal et Jules Simon[1] a dominé les autres : je veux dire la nécessité de rajeunir les études classiques par l'intelligente application des méthodes de travail plus vivifiantes. Sans doute, les devoirs improvisés en classe, les lectures abondantes, tous ces exercices destinés à provoquer l'initiative et à exercer le jugement de l'élève, demandent au maître une préparation plus laborieuse. Mais c'est là même ce qui fait notre confiance. Le meilleur programme ne vaut que ce que valent ceux qui l'appliquent. Le succès de la réforme est dans les mains de notre personnel enseignant, d'un personnel qui sait combien importe à l'honneur et à l'avenir de l'Université le succès des mesures dont ses représentants ont établi ou adopté les bases.

Les élèves.

L'élan une fois donné par les maîtres, les élèves suivront. De ce côté non plus, les éléments de succès ne nous font pas défaut.

La part des Lycées et Collège de Paris dans le recrutement des grandes Écoles du gouvernement.

Depuis 1872, il n'est que juste de le faire remarquer au moment où va se clore une période de notre histoire, les Lycées et Collège de Paris ont fourni

1. *Quelques mots sur l'enseignement public en France*, par Michel Bréal, 1872. — *La Réforme de l'enseignement secondaire*, par Jules Simon, 1874.

aux grandes Écoles du Gouvernement plus d'un quart de leurs sujets les plus distingués : c'est la part de l'élite [1].

Les réceptions au baccalauréat.

Dans la même période, près de 6 000 élèves sur 10 500, c'est-à-dire plus de 50 °/₀ (50,37) ont obtenu le diplôme de bachelier ès lettres ou de bachelier ès sciences : c'est la part non moins honorable de la moyenne [2]. Encore ne s'agit-il ici que des bacheliers reçus au moment où ils faisaient partie de l'effectif de nos établissements, et non de ceux qui ont pu réparer un échec quelques mois après leur sortie du Lycée.

Les motifs plus généraux de notre confiance.

C'est là un ensemble de sanctions satisfaisantes. Toutefois, elles peuvent ne pas paraître décisives. Nous aurons fait assurément un grand progrès dans la manière d'entendre l'éducation le jour où nous aurons cessé de tout ramener au succès d'un examen final. Aussi est-ce sur d'autres considérations que se fondent nos espérances. Nous avons déjà cité bien des chiffres. Qu'on nous permette, avant de terminer, d'en produire encore quelques-uns, sans commentaire : ils portent en eux-mêmes leur enseignement.

Le nombre des élèves qui renoncent aux études classiques après la quatrième.

On est généralement disposé à croire qu'un grand nombre de nos élèves nous quittent sans avoir poussé leurs études au delà des classes de grammaire. J'ai fait relever l'état de ceux qui, de 1872 à 1879, sont sortis du Lycée après la classe de quatrième. Proportionnellement à l'effectif de cette classe, leur nombre total, qui est, pour ces huit années, de 692 sur 5 608, ne dépasse pas 12,33 °/₀, sur lesquels 6,86 ont emporté le certificat ; ce qui réduit à 5,47 ce qu'on peut appeler le fond des non-valeurs [3]. Ce rapport de 12,33 a d'ailleurs varié avec les années. Il n'était que de 7,17 en 1872. Il a atteint 9,68 en 1873, 12,85 en 1874, 14,64 en 1875, 15,31 en 1876. Il est

---

1. Voici les proportions exactes pour chaque école :

École normale (Lettres)	91,90.	École Saint-Cyr	13,58.
École normale (Sciences)	74,59.	École forestière	6,87.
École polytechnique	11,17.	École navale	2,50.
École centrale	29,79.		

2. Exactement 5 914 sur 10 514. — La moyenne pour le baccalauréat ès lettres est sensiblement plus élevée. Elle atteint plus des 3/5, 61,11 °/₀. Celle du baccalauréat ès sciences est très légèrement au-dessous de moitié, 49,37. Voir à l'Appendice le Tableau n° 12.

3. Voir à l'Appendice le Tableau n° 10.

descendu en 1877 à 10,98, puis remonté en 1878 à 15,36. En 1879, il est revenu à 11,70. Ce qu'il faut remarquer surtout, c'est qu'il diffère avec les établissements. A Charlemagne, à Rollin, à Vanves, à Saint-Louis, où les classes sont relativement moins nombreuses, la proportion reste plus ou moins au-dessous de 10. Au contraire, elle monte jusqu'à près de 14 à Louis-le-Grand et à plus de 17 à Fontanes, où les divisions sont démesurément chargées. D'où l'on peut conclure que le mal n'est pas exclusivement imputable aux élèves et aux familles. Ajoutons que si, au lieu de considérer l'effectif de la classe de quatrième proprement dite, on prend pour base de calcul le chiffre de la population entière des établissements, la proportion des élèves sortis après les classes de grammaire descend très sensiblement : pour l'année scolaire 1878-1879, par exemple, elle est à peine de 1,27 %.

La fermeté des cadres de nos classes.

Bien loin d'être brisés par des désertions prématurées, nos cadres, il n'est pas téméraire de le dire, sont fermes.

Si, par exemple, on analyse, relativement à l'âge, notre population scolaire, on constate que les 6 792 jeunes gens ou enfants appartenant aux études classiques, d'après le recensement du 15 novembre 1879, se partageaient ainsi qu'il suit[1] :

<pre>
     29 de 22 à 25 ans, soit   0,42 %
  1 051 — 19 — 21   —   15,47 —
  3 973 — 13 — 18   —   58,50 —
  1 313 — 10 — 12   —   19,34 —
    329 —   6 — 9   —   4,83 —[2].
</pre>

La première catégorie (celle des élèves de 22 à 25 ans) est évidemment une catégorie d'exception. A la deuxième (19 à 21 ans) appartiennent les jeunes gens qui poussent leurs études jusqu'aux examens des grandes Écoles du Gouvernement. Le groupe inférieur (de 6 à 9 ans) comprend les commençants : on s'explique qu'il soit restreint. Bon nombre d'enfants à cet âge

1. Voir à l'Appendice le Tableau n° 8.
2. 97 élèves, soit 1,43 %, n'ont pas place dans ce décompte, leur âge ne nous ayant pas été exactement indiqué.

n'ont pas encore quitté la famille. C'est à partir de 10 ans que la proportion s'élève. Le niveau normal est atteint à 13 ans; il se maintient jusqu'à 18. Entre ces deux limites se placent près des 3/5 de l'effectif total.

La répartition des élèves par classes.

A cette stabilité dans les cadres répond, dans la répartition entre les classes, une régularité qu'il n'est pas sans intérêt de mettre en lumière.

Notre enseignement comprend aujourd'hui treize degrés de la classe préparatoire aux mathématiques spéciales. Si la répartition des élèves entre ces treize classes était faite mathématiquement, chacune d'elles devrait recevoir 1/13 de l'effectif total, soit 7,69 %. Or, quatre classes seulement se trouvent au-dessous de cette moyenne : la classe préparatoire (5,84) et la huitième (6,80), dans lesquelles le niveau n'est pas encore établi; la classe de mathématiques préparatoires (2,91), qui n'est qu'une sorte de refuge et qui ne représente pas, à vrai dire, un des degrés de l'échelle; enfin la classe de philosophie (4,87), où il se fait un départ entre les élèves qui ne visent qu'à achever leurs études littéraires et ceux qui passent en mathématiques. Trois autres classes atteignent, à très peu près, la moyenne proportionnelle : la septième (7,63), qui est pour un grand nombre d'enfants une classe de début; la seconde (7,03), où les élèves qui se destinent aux Écoles du Gouvernement commencent à s'éloigner des études littéraires; les mathématiques spéciales (7,11), dont l'enseignement ne convient qu'à une élite. Toutes les autres classes, — sixième, cinquième, quatrième, troisième, rhétorique, mathématiques élémentaires, — dépassent le rapport commun. Nous avons donc là un corps régulier [1].

La progression proportionnelle dans les effectifs des classes.

Mais voici qui témoigne mieux encore du caractère normal de cette distribution. De la classe préparatoire à la septième, la proportion du nombre des élèves suit une marche ascendante : 5,84 % dans la classe préparatoire; 6,80 en huitième; 7,63 en septième. Avec la sixième s'ouvre une période nouvelle, où le niveau monte encore et devient presque constant : 9,19 % en sixième; 10,22 en cinquième; 10,38 en quatrième. A la troisième se produit un commencement de décroissance. Quelques élèves, munis ou non du certificat de

1. Voir à l'Appendice le Tableau n° 3.

grammaire, se retirent; quelques autres prennent, dès ce moment, la direction des études mathématiques. Le niveau, cependant, reste élevé et ferme : 8,34 en troisième, 7,03 en seconde, 7,83 en rhétorique. Enfin, il arrive au plus haut degré de cette sorte d'étiage, — 11,85, — dans la classe de mathématiques élémentaires, où se forme, pour ainsi dire, le confluent des élèves de troisième et de seconde qui ont passé par les mathématiques préparatoires avec ceux qui font leur philosophie en même temps que leurs mathématiques élémentaires.

L'âge moyen des différentes classes. Il ne sera peut-être pas sans utilité non plus de faire remarquer l'âge moyen auquel on entre dans ces diverses classes. Il varie un peu avec les établissements. En général, on est plus avancé, — c'est-à-dire qu'on arrive à chaque degré plus jeune, — à Louis-le-Grand, à Fontanes, à Charlemagne qu'à Henri IV, à Saint-Louis, à Rollin et à Vanves. Mais la différence est peu importante; la moyenne d'âge est sensiblement la même. Or elle est :

pour la classe préparatoire entre 8 et 9 ans,
— huitième — 10 — 11 —
— septième — 11 — 12 —
— sixième — 12 — 13 —
— cinquième — 13 — 14 —
— quatrième — 14 — 15 —
— troisième — 15 — 16 —
— seconde — 16 — 17 —
— rhétorique — 17 — 18 —
— philosophie — 18 — 19 —
— mathém. élém. — 18 — 19 —
— mathém. spéc. — 19 — 20 — [1].

Ajoutons que de la huitième à la rhétorique, le plus grand nombre de ceux qui ne se trouvent pas exactement entre ces deux limites (88 %, environ) sont au-dessus de la limite supérieure, c'est-à-dire qu'ils ont dépassé l'âge moyen. On peut donc dire qu'il n'y a chez nos élèves ni hâte ni impatience d'en finir avec les études.

[1]. Voir à l'Appendice le Tableau n° 8.

Cette observation est confirmée par la statistique du baccalauréat. Les candidats qui subissent les épreuves du baccalauréat ès lettres à l'issue de la seconde sont dans une proportion minime : 53 en six ans pour nos six grands établissements, soit pour chacun d'eux un peu moins de 9 par année[1]. En réalité, le partage n'est pas égal. Rollin, Saint-Louis, Louis-le-Grand, Fontanes donnent le bon exemple, s'il est permis de tirer la moindre conséquence d'une exception si restreinte.

Bien qu'on ait le droit de se présenter à 16 ans, c'est entre 17 et 18 ans, — l'âge moyen de la rhétorique, — qu'on affronte l'examen de la première partie ; aux examens de la deuxième partie correspond l'âge moyen de la philosophie, 18 à 19 ans. Aux deux sessions régulières de 1879, — juillet et octobre, — les candidats de la première partie ayant 17 ans ou plus étaient dans une proportion de 85,99 % ; ceux de la deuxième partie ayant 18 ans ou plus, dans une proportion de 85,49[2]. De même pour le baccalauréat ès sciences complet : la proportion des candidats âgés de 18 ans ou plus s'élevait à 76,56 %.

C'est sur ces renseignements que nous conclurons. Ils nous semblent rassurants pour l'avenir des études classiques. Dirigées dans un esprit plus conforme aux besoins de l'éducation moderne, elles produiront encore de meilleurs fruits. On ne saurait dire que le goût s'en est affaibli. Qu'elles soient encouragées comme elles méritent de l'être, pratiquement,

1.

INDICATION DES ÉTABLISSEMENTS.	1874	1875	1876	1877	1878	1879	TOTAL
Louis-le-Grand	»	1	2	»	1	»	4
Henri IV.	1	3	»	3	2	3	12
Saint-Louis	»	»	1	»	»	»	1
Fontanes	4	»	»	»	»	4	8
Charlemagne	4	4	4	4	12	3	28
Rollin.	»	»	»	»	»	»	»
. Total.	9	5	7	7	15	10	53

2. Voir à l'Appendice le Tableau nº 11.

efficacement, ainsi que l'ont été les études supérieures et les études primaires, par l'amélioration des établissements existants, par la création d'établissements nouveaux, par les dédoublements de classes, par le perfectionnement de l'outillage scolaire, par l'institution régulière des examens de passage, et, nous pouvons en avoir la certitude, sous l'énergique impulsion de M. le Ministre, et avec le concours si éclairé de MM. les Proviseurs, une ère nouvelle de progrès s'ouvrira.

APPENDICE

—

TABLEAU N° 1

Indiquant la répartition des élèves dans les Lycées et Collège de Paris (internes, demi-pensionnaires, externes surveillés, externes des pensions et externes libres) au 1er novembre 1879.

ÉTABLISSEMENTS.	PENSIONNAIRES.							Demi-pensionnaires et externes surveillés.	Proportion %.	EXTERNES.				TOTAL GÉNÉRAL du nombre des élèves.	Proportion % par établissement.
	Boursiers nationaux.	Boursiers départementaux.	Boursiers communaux.	Boursiers de fondations particulières.	Libres.	TOTAL.	Proportion %.			Des pensions.	Libres.	TOTAL.	Proportion %.		
Louis-le-Grand.	34	4	39	1	507	585	43,95	127	9,54	306	313	619	46,54	1 331	19,25
Henri IV	63	»	32	»	274	369	55,74	89	13,14	64	140	204	30,82	662	9,58
Saint-Louis. . .	45	»	42	1	335	423	45,83	94	10,18	104	302	406	43,99	923	13,35
Fontanes	»	»	»	»	»	»	»	225	13,62	573	854	1 427	86,38	1 652	23,90
Charlemagne. .	»	»	»	»	»	»	»	219	23,78	355	347	702	76,22	921	13,32
Vanves	»	»	»	»	518	518	91,00	16	2,74	»	19	19	3,26	583	8,43
Rollin.	»	»	62	»	307	369	43,93	245	29,17	6	220	226	26,90	840	12,15
Total et proportion moyenne %.	142	4	175	2	1 971	2 294	33,18	1 015	14,70	1 408	2 195	3 603	52,09	6 912	

TABLEAU N° 2

Indiquant le nombre des Élèves des Lycées et Collège de Paris
de 1809 à 1879.

INDICATION DES ANNÉES.	NOMBRE DES ÉLÈVES DANS LES ÉTABLISSEMENTS.								MOUVEMENT PROPORTIONNEL d'une année à l'autre.	
	Louis-le-Grand.	Henri IV.	Saint-Louis.	Fontanes.	Charlemagne.	Vanves.	Rollin.	TOTAL.	Augmentation.	Diminution.
1809	724	741	»	110	364	»	»	1 792	0,14	
1810	720	859	»	145	314	»	»	2 068	0,28	
1811	964	1 032	»	355	506	»	»	2 857	0,07	
1812	1 050	1 076	»	345	600	»	»	3 071	0,16	
1813	1 161	1 149	»	490	839	»	»	3 639		0,26
1814	834	853	»	395	632	»	»	2 718		0,12
1815	710	770	»	384	531	»	»	2 395	0,05	
1816	687	687	»	595	543	»	»	2 512	0,01	
1817	704	701	»	516	593	»	»	2 514	0,16	
1818	1 011	725	»	534	652	»	»	2 922	0,01	
1819	923	778	»	538	687	»	»	2 926	0,15	
1820	919	815	440	515	695	»	»	3 414	0,01	
1821	852	787	485	572	722	»	»	3 418		0,03
1822	835	721	537	588	615	»	»	3 326	0,17	
1823	830	776	653	589	626	»	318	3 792	0,31	
1824	739	824	761	709	680	»	281	4 000	0,07	
1825	791	881	870	710	703	»	294	4 264	0,04	
1826	703	870	887	748	724	»	388	4 410		0,01
1827	930	867	817	682	778	»	327	4 401	0,06	
1828	1 083	915	787	720	860	»	332	4 677	0,02	
1829	1 011	942	812	792	868	»	338	4 763		0,04
1830	911	966	719	826	810	»	331	4 596		0,03
1831	988	891	650	732	830	»	273	4 367		0,17
1832	813	706	631	620	608	»	235	3 616	0,15	
1833	956	747	689	773	808	»	250	4 233	0,03	
1834	987	713	760	822	789	»	314	4 385	0,04	
1835	987	723	836	810	805	»	354	4 515	0,01	
1836	1 017	691	901	813	790	»	372	4 587	0,02	
1837	1 068	687	935	800	780	»	380	4 650		0,01
1838	1 017	724	900	815	755	»	387	4 628	0,00	
1839	1 023	895	951	864	795	»	385	4 913		0,02
1840	1 039	870	951	890	747	»	362	4 879	0,02	
1841	1 053	842	929	962	743	»	383	4 912	0,02	

TABLEAU N° 2 (*Suite*)

Indiquant le nombre des Élèves des Lycées et Collège de Paris de 1809 à 1879.

INDICATION DES ANNÉES.	NOMBRE DES ÉLÈVES DANS LES ÉTABLISSEMENTS.								MOUVEMENT % d'une année à l'autre.	
	Louis-le-Grand.	Henri IV.	Saint-Louis.	Fontanes.	Charlemagne.	Vanves.	Rollin.	TOTAL.	Augmentation.	Diminution.
1841	»	»	»	»	»	»	»	4 912	»	»
1842	1 082	818	1 017	1 033	758	»	391	5 102	0,01	»
1843	1 091	788	958	1 120	827	»	397	5 181	0,02	»
1844	1 101	851	932	1 176	835	»	421	5 336	0,03	»
1845	1 148	921	904	1 092	930	»	403	5 398	0,01	»
1846	1 069	865	972	1 063	937	»	427	5 333	»	0,01
1847	1 131	908	986	1 023	952	»	428	5 431	0,02	»
1848	1 142	888	1 014	1 070	960	»	325	5 399	»	0,01
1849	987	661	813	993	873	»	319	4 646	»	0,14
1850	1 031	833	811	1 073	907	»	325	5 013	0,08	»
1851	911	552	814	1 040	847	»	357	4 521	»	0,10
1852	937	489	759	1 036	857	»	344	4 422	»	0,03
1853	890	517	809	1 124	722	»	362	4 454	0,01	»
1854	827	429	623	927	757	»	371	3 937	»	0,12
1855	906	478	656	966	700	»	393	4 099	0,04	»
1856	993	519	617	1 016	707	»	416	4 298	0,05	»
1857	1 024	632	657	1 158	710	»	428	4 609	0,07	»
1858	1 172	618	690	1 121	743	»	415	4 759	0,03	»
1859	1 323	619	668	1 142	801	»	424	4 980	0,05	»
1860	1 413	646	714	1 150	915	»	456	5 294	0,05	»
1861	1 493	693	753	1 202	926	»	458	5 525	0,05	»
1862	1 510	690	776	1 180	931	»	439	5 556	0,01	»
1863	1 615	691	775	1 143	918	349	417	5 908	0,06	»
1864	1 294	691	800	1 189	992	413	399	5 781	»	0,03
1865	1 282	681	796	1 118	938	635	372	5 742	»	0,01
1866	1 359	681	782	1 335	1 010	757	368	6 292	0,08	»
1867	1 301	701	802	1 381	1 017	770	361	6 333	0,01	»
1868	1 278	705	814	1 400	994	759	363	6 313	»	0,01
1869	1 256	745	672	1 432	911	760	381	6 187	»	0,02
1870¹	»	»	»	»	»	»	»	»	»	0,15
1871	1 137	726	799	1 408	792	402	311	5 575	»	»
1872	1 135	740	739	1 451	820	405	306	5 599	0,01	»
1873	1 109	749	803	1 500	749	406	327	5 613	0,01	»
1874	1 066	757	850	1 603	774	502	344	5 896	0,04	»
1875	1 147	774	882	1 601	755	539	351	6 052	0,03	»
1876	1 223	759	945	1 531	805	546	560	6 369	0,05	»
1877	1 187	759	950	1 536	821	560	664	6 477	0,02	»
1878	1 229	704	930	1 516	816	558	709	6 492	0,01	»
1879	1 331	662	923	1 652	921	583	810	6 912	0,06	»

1. Il n'a pas été dressé de statistique pour l'année 1870.

Présentant la situation de l'enseignement secondaire libre dans les vingt arrondissements de Paris au 13 novembre 1879.

Établissements, directeurs et élèves

ARRONDISSEMENT.	EMPLACEMENT DE L'ÉTABLISSEMENT.	NOM du DIRECTEUR.	QUALITÉ DU DIRECTEUR (Laïque)	QUALITÉ DU DIRECTEUR (Ecclésiastique)	TITRES professionnels du DIRECTEUR.	Pensionnaires.	Demi-pensionnaires.	Externes.	Total.
Ier.	»	»	»	»	»	»	»	»	»
IIe.	»	»	»	»	»	»	»	»	»
IIIe.	Rue des Minimes, 12.	Lesage.	Laïque.	»	Agrégé grammaire.	178	39	11	261
IVe.	Rue de Jouy, 9.	Harant.	Id.	»	Bachel. lettres, licencié sciences physiques.	28	4	1	33
	Rue Beautreillis, 11.	De Ménorval.	Id.	»	Bachel. lettres, brevet complet.	26	16	54	96
	Quai des Célestins, 2.	Nouvelle.	»	Prêtre de l'Oratoire.	Bachel. lettres et sciences.	35	149	»	184
	Rue Bourtibourg, 11.	Fiperaud.	Laïque.	»	Bachel. lettres.	9	4	26	39
V^e	Rue Saint-Jacques, 151 bis.	Amiel.	Id.	»	Bachel. lettres.	10	2	»	12
	Boulevard Saint-Michel, 97.	Desmont.	Id.	»	Bachel. sciences.	76	11	12	99
	Rue Saint-Jacques, 388.	Bellon.	Id.	»	Licence lettres.	13	4	2	19
	Rue Valette, 21.	Denis.	Id.	»	Bachel. lettres, licence droit.	8	3	1	12
	Rue du Cardinal-le-Moine, 49.	Couteleau.	Id.	»	Licence lettres.	30	2	4	36
	Rue des Fossés-Saint-Jacques, 23.	Delavigne.	Id.	»	Bachel. lettres.	24	5	3	32
	Rue Cujas, 2 (maison classique).	Dubief.	Id.	»	Docteur lettres, licence droit.	397	28	29	454
	Rue de Reims, 8 (école préparatoire).	»	»	»	»	168	9	5	182
	Rue Royer-Collard, 9.	Dubreuil.	Laïque.	»	Bachel. sciences.	45	17	38	90
	Rue Lhomond, 19.	Du Lac de Feugères.	»	Prêtre de la Compag. de Jésus.	Bachel. lettres.	412	8	»	420
	Rue du Cardinal-le-Moine, 65.	Greusset.	Laïque.	»	Bachel. lettres.	170	36	51	257
	Rue Saint-Jacques, 348.	Jollivet.	»	Prêtre sécul.	Bachel. lettres.	93	21	1	115
	A reporter					1712	358	271	2311

RÉPARTITION DES ÉLÈVES

EMPLACEMENT	Mathématiques spéciales.	Mathématiques élémentaires.	Philosophie.	Rhétorique.	Humanités.	Grammaire.	Classe élémentaires.	Classe préparatoire.	Total.	2e Année.	3e Année.	4e Année.	1re Année.	Année préparatoire.	Total.	Nombre total.
Ier.	»	»	»	»	»	»	»	»	»	»	»	»	»	»	»	»
IIe.	»	»	»	»	»	»	»	»	»	»	»	»	»	»	»	»
Rue des Minimes, 12.	27	23	25	31	12	13	27	10	201	6	15	25	11	»	60	261
Rue de Jouy, 9.	14	12	5	2	»	»	»	»	33	»	»	»	»	»	»	33
Rue Beautreillis, 11.	4	1	»	3	7	14	13	»	41	»	1	14	11	26	55	96
Quai des Célestins, 2.	2	10	4	6	16	18	39	54	184	»	»	»	»	»	»	184
Rue Bourtibourg, 11.	»	1	»	3	1	3	2	»	10	»	1	»	3	18	29	39
Rue Saint-Jacques, 151 bis.	»	2	1	»	8	»	»	»	12	»	»	»	»	»	»	12
Boulevard Saint-Michel, 97.	15	18	3	1	5	9	1	15	70	2	1	5	3	15	29	99
Rue Saint-Jacques, 388.	»	3	5	8	»	3	»	»	19	»	»	»	»	»	»	19
Rue Valette, 21.	»	2	5	2	2	4	»	»	12	»	»	»	»	»	»	12
Rue du Cardinal-le-Moine, 49.	»	10	8	11	»	»	»	»	32	»	»	1	»	»	»	36
Rue des Fossés-Saint-Jacques, 23.	»	7	1	11	3	»	»	»	28	»	»	1	»	»	»	32
Rue Cujas, 2 (maison classique).	»	77	27	76	123	80	»	»	392	»	7	27	28	»	62	454
Rue de Reims, 8 (école préparatoire).	96	86	»	»	»	»	»	»	182	»	»	»	»	»	»	182
Rue Royer-Collard, 9.	»	31	29	25	»	9	»	»	90	»	»	»	»	»	»	90
Rue Lhomond, 19.	179	241	»	»	»	»	»	»	420	»	»	»	»	»	»	420
Rue du Cardinal-le-Moine, 65.	»	97	13	63	36	14	»	»	257	»	»	»	»	»	»	257
Rue Saint-Jacques, 348.	6	27	1	7	8	22	11	17	102	»	1	1	6	9	13	115
A reporter	341	654	153	205	221	253	96	161	2085	12	32	86	65	61	256	2311

NOMBRE DES ÉLÈVES suivant les cours des Lycées

EMPLACEMENT	Indication de l'établissement.	Lycées supérieurs.	Division de grammaire.	Division élémentaire.	Enseignement spécial.	Totaux.
Ier.	»	»	»	»	»	»
IIe.	»	»	»	»	»	»
Rue des Minimes, 12.	Charlemagne.	85	33	5	21	111
Rue de Jouy, 9.	Charlemagne.	30	»	»	»	30
Rue Beautreillis, 11.	Charlemagne.	9	13	6	3	31
Quai des Célestins, 2.	Charlemagne.	47	32	3	»	72
Rue Bourtibourg, 11.	Charlemagne.	2	»	»	»	2
Rue Saint-Jacques, 151 bis.	»	»	»	»	»	»
Boulevard Saint-Michel, 97.	Saint-Louis et Louis-le-Grand.	45	9	16	»	70
Rue Saint-Jacques, 388.	»	»	»	»	»	»
Rue Valette, 21.	»	»	»	»	»	»
Rue du Cardinal-le-Moine, 49.	Saint Louis.	»	»	»	»	»
Rue des Fossés-Saint-Jacques, 23.	Louis-le-Grand.	2	»	»	»	»
Rue Cujas, 2 (maison classique).	Louis-le-Grand.	88	12	»	»	2
Rue de Reims, 8 (école préparatoire).	Louis-le-Grand.	3	»	»	»	3
Rue Royer-Collard, 9.	»	»	»	»	»	»
Rue Lhomond, 19.	»	»	»	»	»	»
Rue du Cardinal-le-Moine, 65.	»	»	»	»	»	»
Rue Saint-Jacques, 348.	Saint-Louis. Henri IV.	26 / 23	» / 22	» / 14	»	83
A reporter		350	131	11	21	569

Arrondissement	Emplacement de l'établissement	Nom du directeur	Qualité: Laïque	Qualité: Ecclésiastique	Titres professionnels du directeur	Élèves: Pensionnaires	Élèves: Demi-pensionnaires	Élèves: Externes	Élèves: Total	Ens. classique: Mathématiques spéciales	Ens. classique: Mathématiques élémentaires	Ens. classique: Philosophie	Ens. classique: Rhétorique	Ens. classique: Humanités	Ens. classique: Grammaire	Ens. classique: Classes élémentaires	Ens. classique: Classe préparatoire	Ens. classique: Total	Ens. spécial: 4ᵉ Année	Ens. spécial: 3ᵉ Année	Ens. spécial: 2ᵉ	Ens. spécial: 1ʳᵉ Année	Ens. spécial: Année préparatoire	Ens. spécial: Total	Nombre total	Indication de l'établissement	Lycées: Division supérieure	Lycées: Division de grammaire	Lycées: Division élémentaire	Lycées: Enseignement spécial	Lycées: Total
	Report....		»	»		1 712	338	271	2 311	341	651	155	265	221	255	96	101	2 085	12	32	86	65	61	256	2 311		350	151	41	21	569
	Rue de la Montagne-Sainte-Geneviève, 66.	Lelarge.	Laïque.	»	Bachel. lettres.	4	»	2	6	»	»	»	»	»	»	»	»	6	»	»	»	»	»	»	6	Saint-Louis.	5	1	»	»	6
	Rue Amyot, 10.	Lévy.	id.	»	Bachel. lettres et sciences.	31	»	»	31	»	31	»	»	»	»	»	»	31	»	»	»	»	»	»	31	»	»	»	»	»	»
	Rue de Buffon, 60.	Maurin.	id.	»	Bachel. lettres, brevet simple.	»	»	20	20	»	»	»	»	»	»	»	»	»	»	»	»	»	20	20	20	»	»	»	»	»	»
	Rue du Sommerard, 17.	Grégoire.	id.	»	Bachel. lettres et » lettres.	»	»	14	14	»	2	8	4	»	»	»	»	14	»	»	»	»	»	»	14	»	»	»	»	»	»
	Rue Lhomond, 2.	Huger.	id.	»	Licence mathémat. et physiques.	46	3	5	54	»	22	16	16	»	»	»	»	54	»	»	»	»	»	»	54	Saint-Louis. / Charlemagne.	1 / 1	»	»	»	2
VIᵉ	Rue Notre-Dame-des-Champs, 147.	Aubusson.	id.	»	Bachel. lettres.	4	»	»	4	»	»	»	»	»	»	»	»	3	1	»	»	»	»	1	4	Louis-le-Grand.	1	»	1	»	2
	Rue de Rennes, 137.	Bon.	id.	»	Bachel. lettres.	51	23	18	97	67	30	»	»	»	»	»	»	97	»	»	»	»	»	»	97	»	»	»	»	»	»
	Rue du Montparnasse, 35.	Coguat.	»	Prêtre sécul.	Licence lettres.	»	»	82	82	»	»	»	»	»	6	5	»	11	»	»	»	»	71	71	82	»	»	»	»	»	»
	Rue de l'Éperon, 12.	Connaille.	Laïque.	»	Licence sciences.	»	»	10	10	»	9	1	»	»	»	»	»	10	»	»	»	»	»	»	10	»	»	»	»	»	»
	Rue Notre-Dame-des-Champs, 17.	Dehoustre.	id.	»	Licence sciences mathémat. et physiq.	24	4	2	30	»	6	11	13	»	»	»	»	30	»	»	»	»	»	»	30	»	»	»	»	»	»
	Rue Monsieur-le-Prince, 95.	Ocnillier.	id.	»	Bachel. lettres.	6	2	1	9	»	»	»	»	»	»	»	»	9	»	»	»	»	»	»	9	»	»	»	»	»	»
	Rue de Chevreuse, 4.	Keller, père.	id.	»	Bachel. lettres.	18	1	1	20	»	»	»	»	»	»	»	»	14	»	5	»	»	1	6	20	»	»	»	»	»	»
	Rue de Chevreuse, 4.	Keller, fils.	id.	»	Bachel. lettres et sciences.	»	»	26	26	»	»	»	»	»	11	»	»	11	»	»	»	15	»	15	26	Saint-Louis.	7	5	»	»	12
	Avenue de l'Observatoire, 13.	Mandron.	id.	»	Bachel. lettres.	3	3	10	16	»	1	4	3	1	1	»	»	15	1	»	»	»	»	1	16	»	»	»	»	»	»
	Rue d'Assas, 84 et 92.	Rieder.	id.	»	Agrégé lettres.	26	38	133	197	»	3	9	15	28	68	12	»	162	»	»	»	»	35	35	197	»	»	»	»	»	»
	Rue de Madame, 35.	Thenon.	»	Prêtre sécul.	Licencié lettres.	21	216	33	270	13	18	21	21	12	100	12	19	270	»	»	»	»	»	»	270	Louis-le-Grand.	116	72	»	»	188
	Rue de Condé, 14.	Raphanel.	»	id.	Bachel. lettres.	46	»	»	46	»	»	»	»	»	»	»	»	»	»	»	»	»	»	»	(Ces jeunes gens sont compris dans les nombres inscrits ci-dessus.)	»	»	»	»	»	»
	Rue Notre-Dame-des-Champs, 22.	Petitjean de Lagarde.	»	Prêt. Mariste.	Licence mathématiq.	571	500	22	1 093	31	124	62	90	191	207	130	63	1 018	»	»	»	»	75	75	1 093	»	»	»	»	»	»
VIIᵉ	Rue de la Comète, 3.	Barchin.	Laïque.	»	Bachel. sciences.	16	8	110	134	1	2	»	2	»	5	12	20	42	»	4	12	14	62	92	134	Fontanes.	4	1	»	»	5
	Rue du Bac, 94.	Beaugé.	id.	»	Bachel. lettres.	66	57	77	200	5	8	3	2	10	12	31	»	101	5	12	20	9	53	99	200	Saint-Louis.	28	12	»	»	40
VIIIᵉ	Rue de Moscou, 11.	Berrou.	id.	»	Bachel. lettres.	16	9	18	43	1	3	5	12	»	3	1	»	30	»	»	11	2	»	13	43	Fontanes.	2	3	»	»	5
	Rue de Courcelles, 19.	Bandou.	id.	»	Bachel. lettres, brevet simple.	16	4	»	20	1	1	1	»	5	6	2	»	17	»	1	»	2	»	3	20	Fontanes.	2	2	»	»	4
	Rue de l'Isly, 12.	Bousquet.	id.	»	Bachel. lettres.	»	»	5	5	2	3	»	»	»	»	»	»	5	»	»	»	»	»	»	5	Fontanes.	»	»	»	»	»
	Rue de Lisbonne, 8.	Clément.	»	Prêtre sécul.	Licence lettres.	»	291	»	291	2	9	16	18	59	102	64	21	291	»	»	»	»	»	»	291	Fontanes.	104	72	»	»	176
	Rue de Marbeuf, 11.	Duplay.	Laïque.	»	Bachel. lettres et sciences.	3	2	13	18	1	1	»	1	»	4	1	»	8	»	2	»	»	8	10	18	Fontanes.	1	1	»	»	2
	Rue de Monceau, 23.	Dupont.	id.	»	Bachel. lettres et sciences.	6	1	4	11	1	1	»	1	»	4	1	»	11	»	»	»	»	»	»	11	Rollin.	»	»	»	»	»
	À Reporter....					2 611	1 553	851	5 015	400	930	311	477	565	906	172	221	4 318	19	53	130	92	392	607	5 015		622	320	43	21	1 011

RÉPARTITION DES ÉLÈVES. — NOMBRE DES ÉLÈVES suivant les cours des Lycées.

Identification des établissements, direction et effectifs

ARRONDISSEMENT	EMPLACEMENT DE L'ÉTABLISSEMENT	NOM du DIRECTEUR	Laïque	Ecclésiastique	TITRES professionnels du DIRECTEUR	Pensionnaires	Demi-pensionnaires	Externes	Total
	Report.....					2 611	1 553	851	5 015
VIIIe.	Rue de Courcelles, 16.	Figuette.	Laïque.	»	Licenc. lettres.	20	21	24	74
	Rue de Madrid, 7.	De Gabriac.	»	Prêtre de la Cie de Jésus.	Licenc. lettres.	»	539	281	820
	Rue du Rocher, 94.	Juilly.	Laïque.	»	Bachel. lettres, Licenc. mathémat. et phys.	38	9	17	61
	Rue Miromesnil, 17.	Laguarrigue.	id.	»	Bachel. sciences.	»	»	9	9
	Rue de Monceau, 31.	Lehmann.	»	Prêtre Mariste.	Bachel. lettres.	110	214	»	324
	Rue d'Amsterdam, 27.	Thérel.	Laïque.	»	Licenc. lettres.	3	»	1	4
IXe.	Rue Godot-de-Mauroy, 6.	Bauguin.	id.	»	Licenc. lettres.	»	13	»	13
	Rue Caumartin, 67.	Chavy.	id.	»	Bachel. lettres.	35	2	2	39
	Rue Saint-Lazare, 91.	Dufourcq.	id.	»	Bachel. lettres.	9	9	2	20
	Rue Montholon, 9.	Fauveau.	id.	»	Bachel. lettres, Licenc. droit.	»	»	9	9
	Rue Labruyère, 51.	Fernbach.	id.	»	Bachel. lettres.	1	10	»	11
	Rue Saint-Lazare, 101.	Germain.	id.	»	Bachel. lettres.	1	8	1	10
	Rue Rochechouart, 8.	Meunier.	id.	»	Licenc. lettres.	»	2	58	60
	Rue Joubert, 23.	Pussy.	id.	»	Licenc. lettres.	»	4	12	16
	Rue de Clichy, 69.	Prétet.	id.	»	Bachel. lettres.	12	3	»	15
	Boulevard Haussmann, 32.	Regnauld.	id.	»	Bachel. lettres.	3	22	»	25
	Rue Baudin, 10.	Rhelms.	id.	»	Licenc. lettres.	»	6	6	12
	Rue Condorcet, 31.	Rosenfeld.	id.	»	Équival. des baccalaur. lettres et sciences.	6	24	»	30
	Rue Navarin, 31.	Ruelien.	id.	»	Bachel. sciences.	3	5	40	48
	Rue de la Tour-d'Auvergne, 34 et 36.	Tügel.	id.	»	Licenc. scienc. mathématiq. et physiq.	82	46	58	186
X^e.	Rue du Faubourg-Poissonnière, 108 et 108.	...	»	Prêtre sécul.	Bachel. lettres.	33	64	65	162
XIe.	Rue de Montreuil, 31.	...	Laïque.	»	Bachel. sciences.	65	65	45	175
	Rue de Charonne, 30.	Déricy.	id.	»	Bachel. lettres.	»	»	50	50
	Rue Mongenot, 27.	David.	»	Prêtre sécul.	Licenc. scienc.	60	22	19	101
XIIe.	»	»	»	»	»	»	»	»	»
XIIIe.	»	»	»	»	»	»	»	»	»
XIVe.	Rue de Bréda, 19.	Mirman.	Laïque.	»	Bachel. lettres.	18	»	36	54
	A Reporter.....					3 149	2 611	1 586	7 376

RÉPARTITION DES ÉLÈVES — Enseignement classique

EMPLACEMENT	Mathématiques spéciales	Mathématiques élémentaires	Philosophie	Rhétorique	Humanités	Grammaire	Classes élémentaires	Classe préparatoire	Total
Report.....	160	230	311	477	565	906	172	221	1 318
Rue de Courcelles, 16.	»	5	»	2	6	6	5	»	24
Rue de Madrid, 7.	»	»	52	73	200	375	»	120	820
Rue du Rocher, 94.	3	40	12	9	»	»	»	»	61
Rue Miromesnil, 17.	»	6	2	»	»	»	»	»	7
Rue de Monceau, 31.	»	»	»	»	»	35	117	152	321
Rue d'Amsterdam, 27.	»	»	»	»	»	1	»	»	4
Rue Godot-de-Mauroy, 6.	»	»	2	7	2	1	»	»	12
Rue Caumartin, 67.	»	3	2	1	13	20	»	»	39
Rue Saint-Lazare, 91.	»	6	»	»	6	6	2	»	20
Rue Montholon, 9.	»	»	»	»	»	»	»	»	»
Rue Labruyère, 51.	»	1	»	»	»	3	»	»	11
Rue Saint-Lazare, 101.	»	2	»	4	»	3	1	»	10
Rue Rochechouart, 8.	»	»	»	»	»	1	»	»	1
Rue Joubert, 23.	»	»	»	»	»	»	»	»	16
Rue de Clichy, 69.	2	»	8	6	2	1	»	»	15
Boulevard Haussmann, 32.	»	»	1	1	5	2	1	»	23
Rue Baudin, 10.	»	»	3	3	6	6	7	»	5
Rue Condorcet, 31.	»	»	»	1	»	3	1	»	18
Rue Navarin, 31.	1	»	»	2	2	8	5	»	18
Rue de la Tour-d'Auvergne, 34 et 36.	»	13	1	2	2	3	2	»	21
Rue du Faubourg-Poissonnière, 108 et 108.	1	23	»	1	1	29	39	16	110
Rue de Montreuil, 31.	2	1	1	1	1	10	6	»	22
Rue de Charonne, 30.	»	»	»	»	»	»	»	»	»
Rue Mongenot, 27.	»	»	»	»	5	10	17	11	76
XIIe.	»	»	»	»	»	»	»	»	»
XIIIe.	»	»	»	»	»	»	»	»	»
Rue de Bréda, 19.	»	»	»	»	»	8	»	5	13
A Reporter.....	476	1 033	395	591	815	1 490	675	531	6 012

RÉPARTITION DES ÉLÈVES — Enseignement spécial, et NOMBRE TOTAL

EMPLACEMENT	4e Année	3e Année	2^e	1re Année	Année préparatoire	Total	NOMBRE TOTAL
Report.....	10	55	139	92	302	697	5 015
Rue de Courcelles, 16.	»	4	17	16	13	50	74
Rue de Madrid, 7.	»	»	»	»	»	»	820
Rue du Rocher, 94.	»	»	»	»	»	»	61
Rue Miromesnil, 17.	»	»	2	»	»	2	9
Rue de Monceau, 31.	»	»	»	»	»	»	324
Rue d'Amsterdam, 27.	»	»	»	»	»	»	4
Rue Godot-de-Mauroy, 6.	»	1	»	»	»	1	13
Rue Caumartin, 67.	»	»	»	»	»	»	39
Rue Saint-Lazare, 91.	»	»	»	»	»	»	20
Rue Montholon, 9.	»	»	»	»	9	9	9
Rue Labruyère, 51.	»	»	»	»	»	»	11
Rue Saint-Lazare, 101.	»	»	»	»	»	»	10
Rue Rochechouart, 8.	»	»	»	»	59	59	60
Rue Joubert, 23.	»	»	»	»	»	»	16
Rue de Clichy, 69.	»	»	»	»	»	»	15
Boulevard Haussmann, 32.	»	»	»	»	»	»	25
Rue Baudin, 10.	1	»	1	»	2	7	12
Rue Condorcet, 31.	»	»	6	6	»	12	30
Rue Navarin, 31.	»	»	»	»	11	11	48
Rue de la Tour-d'Auvergne, 34 et 36.	102	»	»	»	»	102	186
Rue du Faubourg-Poissonnière, 108 et 108.	»	6	3	»	13	52	162
Rue de Montreuil, 31.	6	11	17	25	91	153	175
Rue de Charonne, 30.	»	»	»	»	50	50	50
Rue Mongenot, 27.	»	»	»	12	13	25	101
XIIe.	»	»	»	»	»	»	»
XIIIe.	»	»	»	»	»	»	»
Rue de Bréda, 19.	»	»	»	20	21	41	54
A Reporter.....	188	80	189	171	737	1 361	7 376

NOMBRE DES ÉLÈVES suivant les cours des Lycées

EMPLACEMENT	Indication de l'établissement	Division supérieure	Division de grammaire	Division élémentaire	Enseignement spécial	Total
Report.....		622	320	45	24	1 011
Rue de Courcelles, 16.	Fontanes.	5	»	»	»	5
Rue de Madrid, 7.	»	»	»	»	»	»
Rue du Rocher, 94.	Fontanes.	1	»	»	»	1
Rue Miromesnil, 17.	id.	2	»	»	»	2
Rue de Monceau, 31.	»	»	»	»	»	»
Rue d'Amsterdam, 27.	Fontanes.	»	2	»	»	2
Rue Godot-de-Mauroy, 6.	Fontanes.	3	1	»	»	5
Rue Caumartin, 67.	id.	10	20	»	»	39
Rue Saint-Lazare, 91.	id.	11	6	2	»	19
Rue Montholon, 9.	»	»	»	»	»	»
Rue Labruyère, 51.	Fontanes.	2	2	»	»	4
Rue Saint-Lazare, 101.	id.	6	2	1	»	9
Rue Rochechouart, 8.	»	»	»	»	»	»
Rue Joubert, 23.	»	»	»	»	»	»
Rue de Clichy, 69.	Fontanes.	14	1	»	»	15
Boulevard Haussmann, 32.	id.	12	6	1	»	19
Rue Baudin, 10.	»	»	»	»	»	»
Rue Condorcet, 31.	Fontanes.	4	»	»	»	4
Rue Navarin, 31.	id.	1	2	»	»	3
Rue de la Tour-d'Auvergne, 34 et 36.	id.	7	3	2	»	12
Rue du Faubourg-Poissonnière, 108 et 108.	Rollin.	2	2	»	»	4
Rue de Montreuil, 31.	Charlemagne.	6	7	1	3	17
Rue de Charonne, 30.	»	»	»	»	»	»
Rue Mongenot, 27.	»	»	»	»	»	»
XIIe.	»	»	»	»	»	»
XIIIe.	»	»	»	»	»	»
Rue de Bréda, 19.	»	»	»	»	»	»
A Reporter.....		720	371	52	27	1 173

Identification et nombre d'élèves :

ARRONDISSEMENT.	EMPLACEMENT DE L'ÉTABLISSEMENT.	NOM du DIRECTEUR.	QUALITÉ DU DIRECTEUR — Laïque.	Ecclésiastique.	TITRES professionnels du DIRECTEUR.	ÉLÈVES — Pensionnaires.	Demi-pensionnaires.	Externes.	Total.
XVᵉ.	Rue de Vaugirard, 302.	Cassemiche.	Laïque.	»	RETOUR....	3149	2611	1586	7376
	Rue de Vaugirard, 391.	Chauveau.	»	Prêtre de la Cⁱᵉ de Jésus.	Brevet pour l'enseig. primaire et second.	128	6	54	188
	Rue Dombasle, 30.	Colin.	Laïque.	»	Bachel. lettres.	502	26	141	669
	Rue Violet, 63.	Michel.	Id.	»	Bachel. lettres et sciences.	12	1	»	13
XVIᵉ.	Avenue Kléber, 81.	Aubert.	Id.	»	Bachel. lettres.	120	2	60	182
	Rue de la Pompe, 52.	Heuve.	Id.	»	Bachel. lettres.	72	67	»	139
	Rue de Passy, 40.	Hudor.	Id.	»	Bachel. lettres, Licence mathématiques.	44	»	42	86
	Rue Raynouard, 50.	Cibot.	Id.	»	Bachel. lettres.	5	1	1	7
	Avenue de Malakoff, 121.	Honoré.	Id.	»	Bachel. lettres.	40	8	34	82
	Avenue de Malakoff, 51.	Kornmann.	Id.	»	Bachel. lettres.	9	5	1	15
	Rue Boileau, 80.	Mase.	Id.	»	Bachel. lettres.	26	8	8	42
	Rue d'Eylau, 91.	Monmarché.	Id.	»	Bachel. lettres.	26	20	»	55
	Chaussée de la Muette, 1.	Niousel.	Id.	»	Licence, scienc. physiq.	11	4	2	20
	Rue Dufrenoy, 13.	Torchet.	Id.	»	Bachel. lettres.	32	3	41	76
XVIIᵉ.	Rue des Dames, 41.	Clauet.	Id.	»	Bachel. lettres.	10	»	1	11
	Boulevard Gouvion-Saint-Cyr.	Ganneau.	Id.	»	Bachel. lettres.	1	»	35	36
	Rue de Puteaux, 8.	Gaulès.	Id.	»	Bachel. lettres.	26	27	41	94
	Boulevard Malesherbes, 113.	Godart.	Id.	»	Bachel. lettres.	40	17	17	74
	Boulevard des Batignolles, 31.	Goffart.	Id.	»	Bachel. sciences.	178	324	160	662
	Rue Lamandé, 13.	Malinowski.	Id.	»	Agrégé mathématiq.	175	21	85	281
	Rue des Dames, 53.	Marc-Samuel.	Id.	»	Bachel. lettres et sciences.	28	25	8	61
	Rue Boulant, 11.	Pujet.	Id.	»	Bachel. lettres.	11	10	100	151
	Rue de Villiers, 28.	Seroin.	Id.	»	Bachel. lettres.	10	11	3	33
	Rue Nollet, 103.	De Vieme.	Id.	»	Bachel. lettres.	23	11	24	58
					Bachel. lettres, scienc. et théologie.	33	»	»	33
XVIIIᵉ.	Passage des Poissonniers, 22.	Ballery.	Id.	»	Bachel. lettres.	»	12	»	12
XIXᵉ.	Rue de Flandre, 121.	Noel.	Id.	»	Bachel. lettres.	92	5	76	173
XXᵉ.	Rue de Bagnolet, 132.	Le Herve.	Id.	»	Bachel. lettres.	43	»	12	55
	Total....					**1888**	**3261**	**3555**	**10704**

RÉPARTITION DES ÉLÈVES — ENSEIGNEMENT CLASSIQUE :

EMPLACEMENT.	Mathématiques spéciales.	Mathématiques élémentaires.	Philosophie.	Rhétorique.	Humanités.	Grammaire.	Classe élémentaire.	Classe préparatoire.	Total.
Rue de Vaugirard, 302.	470	1033	395	504	815	1100	675	531	6012
Rue de Vaugirard, 391.	»	»	»	»	»	6	3	»	9
Rue Dombasle, 30.	»	18	62	90	175	258	»	71	669
Rue Violet, 63.	»	4	1	5	3	»	»	»	13
Avenue Kléber, 81.	»	»	»	»	»	5	6	2	13
Rue de la Pompe, 52.	1	5	»	1	1	19	31	22	86
Rue de Passy, 40.	»	»	3	»	1	»	»	»	4
Rue Raynouard, 50.	»	3	»	1	1	»	»	»	5
Avenue de Malakoff, 121.	»	»	»	2	1	5	7	»	12
Avenue de Malakoff, 51.	1	1	2	1	2	3	»	2	13
Rue Boileau, 80.	»	1	1	1	5	3	»	»	10
Rue d'Eylau, 91.	»	»	»	»	»	»	6	»	6
Chaussée de la Muette, 1.	2	2	6	12	»	»	»	»	20
Rue Dufrenoy, 13.	2	2	»	1	»	8	7	12	30
Rue des Dames, 41.	2	9	»	9	4	»	»	»	11
Boulevard Gouvion-Saint-Cyr.	»	»	»	»	»	3	8	11	14
Rue de Puteaux, 8.	»	2	1	1	3	11	7	»	25
Boulevard Malesherbes, 113.	1	13	3	7	6	23	14	2	129
Boulevard des Batignolles, 31.	14	35	7	12	»	281	»	310	662
Rue Lamandé, 13.	»	6	1	4	5	18	19	25	75
Rue des Dames, 53.	»	3	1	»	5	7	9	9	33
Rue Boulant, 11.	1	5	»	»	7	7	17	11	51
Rue de Villiers, 28.	2	5	5	2	12	11	11	»	31
Rue Nollet, 103.	»	12	»	5	»	10	10	8	18
	»	8	15	10	»	»	»	»	24
Passage des Poissonniers, 22.	»	»	»	»	»	»	»	»	[illegible]
Rue de Flandre, 121.	»	12	»	»	»	7	13	5	37
Rue de Bagnolet, 132.	»	»	»	»	»	2	»	2	2
Total....	**496**	**1170**	**401**	**751**	**1045**	**2171**	**838**	**1027**	**7995**

RÉPARTITION DES ÉLÈVES — ENSEIGNEMENT SPÉCIAL, NOMBRE TOTAL et NOMBRE DES ÉLÈVES suivant les cours des Lycées :

EMPLACEMENT.	4ᵉ Année.	3ᵉ Année.	2ᵉ Année.	1ʳᵉ Année.	Année préparatoire.	Total.	NOMBRE TOTAL.	Indication de l'établissement.	NOMBRE DES ÉLÈVES			Total.
Rue de Vaugirard, 302.	188	80	188	171	747	1364	7376	»	720	371	52	27 1173
Rue de Vaugirard, 391.	»	3	7	17	152	179	188	»	»	»	»	»
Rue Dombasle, 30.	»	»	»	»	»	»	669	»	»	»	»	»
Rue Violet, 63.	»	»	»	»	»	»	13	»	»	»	»	»
Avenue Kléber, 81.	10	10	15	36	98	169	182	Fénelon.	11	19	»	» 30
Rue de la Pompe, 52.	3	9	10	8	24	53	139	»	»	»	»	»
Rue de Passy, 40.	11	10	12	25	21	82	86	»	»	»	»	»
Rue Raynouard, 50.	»	»	»	»	2	2	7	»	»	»	»	»
Avenue de Malakoff, 121.	»	»	»	»	61	70	82	Fontanes.	8	2	»	1 11
Avenue de Malakoff, 51.	»	»	»	»	»	»	15	»	»	»	»	»
Rue Boileau, 80.	16	»	»	8	22	32	42	»	»	»	»	»
Rue d'Eylau, 91.	»	»	»	8	11	19	55	»	»	»	»	»
Chaussée de la Muette, 1.	»	»	11	17	10	30	20	»	»	»	»	»
Rue Dufrenoy, 13.	»	»	»	»	8	16	76	»	»	»	»	»
Rue des Dames, 41.	»	»	»	»	»	11	11	»	»	»	»	»
Boulevard Gouvion-Saint-Cyr.	10	13	22	21	21	62	81	Fontanes.	18	7	»	» 25
Rue de Puteaux, 8.	»	5	5	»	5	74	74	Id.	15	15	»	» 30
Boulevard Malesherbes, 113.	»	»	»	15	75	306	652	Id.	6	»	»	» 6
Boulevard des Batignolles, 31.	21	32	30	15	73	285	281	Id.	8	18	»	» 26
Rue Lamandé, 13.	»	»	5	7	19	29	61	Id.	6	7	»	» 13
Rue des Dames, 53.	1	9	11	18	55	100	151	Id.	13	7	»	1 21
Rue Boulant, 11.	»	»	7	»	3	31	31	Id.	11	7	»	» 18
Rue de Villiers, 28.	»	7	»	1	3	10	58	»	»	»	»	»
Rue Nollet, 103.	»	»	»	»	»	»	34	»	»	»	»	»
Passage des Poissonniers, 22.	»	»	»	»	12	12	12	»	»	»	»	»
Rue de Flandre, 121.	6	»	13	13	101	136	173	»	»	»	»	»
Rue de Bagnolet, 132.	18	»	»	15	20	53	55	»	»	»	»	»
Total....	**282**	**197**	**318**	**408**	**1171**	**2706**	**10704**		**816**	**136**	**51**	**27 1333**

TABLEAU N° 4

Indiquant le lieu de naissance des élèves.

DÉSIGNATION des ÉTABLISSEMENTS.	NOMBRE DES ÉLÈVES NÉS									
	A Paris.	Proportion °/₀	Dans le département de la Seine.	Proportion °/₀	Dans les autres départements ou dans les colonies.	Proportion °/₀	En pays étrangers.	Proportion °/₀	Pour lesquels il n'a pas été fourni d'indication précise.	Proportion °/₀
Louis-le-Grand. .	607	45,60	29	2,18	599	45,00	82	6,16	14	1,05
Henri IV.	368	55,59	11	1,66	253	38,22	20	4,38	1	0,15
Saint-Louis . . .	336	36,40	18	1,05	483	52,33	68	7,37	18	1,95
Fontanes.	010	55,08	59	3,57	533	32,26	123	7,45	27	1,63
Charlemagne . .	532	57,76	46	4,00	281	30,84	34	3,69	25	2,71
Vanves.	368	63,12	28	4,80	142	24,36	40	6,86	5	0,86
Rollin	450	53,57	17	2,02	321	38,21	47	5,60	5	0,60
TOTAL et proportion moyenne %.	3 571	51,66	208	3,01	2 615	37,83	423	6,12	95	1,37

TABLEAU N° 5

Indiquant le domicile des parents.

DÉSIGNATION des ÉTABLISSEMENTS.	NOMBRE DES PARENTS DOMICILIÉS									
	À Paris.	Proportion %.	Dans le département de la Seine.	Proportion %.	Dans les autres départements ou dans les colonies.	Proportion %.	En pays étrangers.	Proportion %.	Pour lesquels il n'a pas été fourni d'indication précise.	Proportion %.
Louis-le-Grand. .	1 019	76,56	16	1,20	252	18,93	24	1,80	20	1,50
Henri IV	495	74,77	20	3,02	131	19,79	16	2,42	»	»
Saint-Louis. . . .	554	60,02	11	1,52	292	31,61	30	3,25	33	3,57
Fontanes	1 457	88,20	78	4,72	75	4,51	9	0,54	33	2,00
Charlemagne . . .	628	68,10	42	4,56	235	25,51	16	1,74	»	»
Vanves	416	71,35	65	11,15	85	14,58	17	2,92	»	»
Rollin	676	80,48	21	2,50	134	15,95	9	1,07	»	»
TOTAL et proportion moyenne %.	5 245	75,88	256	3,70	1 204	17,42	121	1,75	86	1,24

TABLEAU N° 6

Indiquant la profession des parents.

DÉSIGNATION des ÉTABLISSEMENTS.	PROFESSION DES PARENTS												
	Sans profession.	Proportion %.	Carrières libérales.	Proportion %.	Fonctions politiques.	Proportion %.	Administrations publiques.	Proportion %.	Administrat. privée.	Proportion %.	Industrie et Commerce.	Proportion %.	Agriculture.	Proportion %.
Louis-le-Grand . .	435	32,68	179	13,15	7	0,53	276	20,74	63	4,73	353	26,52	18	1,35
Henri IV	192	29,00	74	11,18	4	0,60	153	23,11	54	8,16	168	25,38	17	2,57
Saint-Louis	378	10,95	103	11,16	2	0,22	182	19,73	68	7,37	181	19,93	6	0,65
Fontanes	705	42,68	227	13,74	12	0,73	221	13,38	104	6,29	370	22,04	4	0,24
Charlemagne . . .	182	19,76	99	10,75	2	0,22	141	15,31	109	11,83	371	40,28	17	1,85
Vanves	127	21,78	81	13,89	3	0,51	30	5,15	39	6,69	298	51,11	5	0,86
Rollin	267	31,70	92	10,95	7	0,83	109	12,08	62	7,38	301	35,83	2	0,24
Total et proportion moyenne % . . .	2 286	33,07	855	12,37	37	0,54	1 112	16,09	199	7,22	2 054	29,72	69	1, »

TABLEAU N° 7

Indiquant la provenance des Élèves.

DÉSIGNATION des ÉTABLISSEMENTS.	NOMBRE DES ÉLÈVES PROVENANT								TOTAL.
	DES ÉTABLISSEMENTS PUBLICS.				DES ÉTABLISSEMENTS LIBRES.		de leur famille.	Proportion %.	
	Enseignement secondaire.	Enseignement primaire.	TOTAL.	Proportion %.	Enseignement secondaire et enseignement primaire.	Proportion %.			
Louis-le-Grand.	542	3	545	40,95	284	21,34	502	37,71	1 331
Henri IV	224	16	240	36,25	247	37,31	175	26,44	662
Saint-Louis. . .	387	4	391	42,36	249	26,98	283	30,66	923
Fontanes	193	5	198	11,98	483	29,24	971	58,78	1 652
Charlemagne. .	278	22	300	32,57	461	50,05	160	17,37	921
Vanves	15	»	15	2,57	11	1,89	557	95,54	583
Rollin.	207	4	211	25,12	176	20,95	453	53,93	840
Total et proportion moyenne %.	1 846	54	1 900	27,49	1 911	27,65	3 101	41,86	6 912

TABLEAU N° 6

Indiquant la profession des parents.

DÉSIGNATION des ÉTABLISSEMENTS.	PROFESSION DES PARENTS												
	Sans profession.	Proportion °/₀	Carrières libérales.	Proportion °/₀	Fonctions politiques.	Proportion °/₀	Administrations publiques.	Proportion °/₀	Administrat. privées.	Proportion °/₀	Industrie et Commerce.	Proportion °/₀	Agriculture.	Proportion °/₀
Louis-le-Grand. .	435	32,68	179	13,15	7	0,53	276	20,74	63	4,73	353	26,52	18	1,35
Henri IV.	192	29,00	74	11,18	4	0,60	153	23,11	54	8,16	168	25,38	17	2,57
Saint-Louis	378	40,95	103	11,16	2	0,22	182	19,73	68	7,37	184	19,93	6	0,65
Fontanes.	705	42,68	227	13,74	12	0,73	221	13,38	104	6,29	370	22,04	4	0,24
Charlemagne. . . .	182	19,76	99	10,75	2	0,22	141	15,31	109	11,83	371	40,28	17	1,85
Vanves.	127	21,78	81	13,89	3	0,51	30	5,15	39	6,69	298	51,11	5	0,86
Rollin	267	31,79	92	10,95	7	0,83	109	12,08	62	7,38	301	35,83	2	0,24
TOTAL et proportion moyenne °/₀ . . .	2 286	33,07	855	12,37	37	0,54	1 112	16,09	499	7,22	2 054	29,72	69	1, »

TABLEAU N° 7

Indiquant la provenance des élèves.

| DÉSIGNATION des ÉTABLISSEMENTS. | NOMBRE DES ÉLÈVES PROVENANT | | | | | | | | |
| | DES ÉTABLISSEMENTS PUBLICS. | | | | DES ÉTABLISSEMENTS LIBRES. | | | | |
	Enseignement secondaire.	Enseignement primaire.	TOTAL.	Proportion %.	Enseignement secondaire et enseignement primaire.	Proportion %.	de leur famille.	Proportion %.	TOTAL.
Louis-le-Grand.	542	3	545	40,95	284	21,34	502	37,71	1 331
Henri IV	224	16	240	36,25	247	37,31	175	26,44	662
Saint-Louis. . .	387	4	391	42,36	249	26,98	283	30,66	923
Fontanes	193	5	198	11,98	183	29,24	971	58,78	1 652
Charlemagne. .	278	22	300	32,57	161	50,05	160	17,37	921
Vanves	15	"	15	2,57	11	1,89	557	95,54	583
Rollin.	207	4	211	25,12	176	20,95	453	53,93	840
TOTAL et proportion moyenne %.	1 846	54	1 900	27,49	1 911	27,65	3 101	44,86	6 912

TABLEAU N° 8

Indiquant : 1° la répartition par âge des élèves dans les différentes classes ; 2° la proportion °/₀ par âge des élèves de chaque classe ; 3° la répartition numérique des élèves dans les différentes classes ; 4° la proportion °/₀ des élèves composant l'effectif de chaque classe.

Colonnes « Spéciales », « Élémentaires » et « Préparatoires » = MATHÉMATIQUES. L'ensemble des colonnes de « Spéciales » à « Classe Préparatoire » = NOMBRE DES ÉLÈVES INSCRITS DANS LES CLASSES DE.

Indication des âges	Spéciales	Élémentaires	Préparatoires	Philosophie	Rhétorique	Seconde	Troisième	Quatrième	Cinquième	Sixième	Septième	Huitième	Classe Préparatoire	Total	Proportion °/₀ des élèves suivant les âges de 5 à 25 ans
25 ans.	2	2	»	»	»	»	»	»	»	»	»	»	»	4	0,06
24	1	»	»	»	»	»	»	»	»	»	»	»	»	1	0,01
23	2	5	»	»	»	»	»	»	»	»	»	»	»	7	0,10
22	6	8	»	2	1	»	»	»	»	»	»	»	»	17	0,25
21	93	60	»	18	14	»	1	»	»	»	»	»	»	186	2,71
20	105	118	»	38	24	»	»	»	1	»	»	»	»	316	5,09
19	131	198	3	91	75	4	6	4	1	»	»	»	»	519	7,64
18	66	264	24	108	155	46	2	»	1	»	»	»	1	666	9,81
17	5	109	80	49	198	163	67	19	4	»	»	»	1	696	10,25
16	1	23	70	8	57	204	201	90	20	6	»	»	»	680	10,01
15	1	»	15	»	4	51	219	248	87	28	3	1	»	657	9,67
14	»	»	2	»	»	2	63	251	220	86	28	7	2	662	9,75
13	»	»	»	»	»	2	3	82	228	200	73	21	3	612	9,01
12	»	»	»	»	»	»	1	6	105	211	157	46	11	537	7,91
11	»	»	»	»	»	»	»	»	19	75	175	163	27	459	6,76
10	»	»	»	»	»	»	»	»	2	7	71	158	79	317	4,67
9	»	»	»	»	»	»	»	»	»	»	3	51	118	172	2,53
8	»	»	»	»	»	»	»	»	»	»	»	6	106	113	1,66
7	»	»	»	»	»	»	»	»	1	»	»	»	40	40	0,59
6	»	»	»	»	»	»	»	»	»	»	»	»	40	40	0,04
5	»	»	»	»	»	»	»	»	»	»	»	»	3	3	0,01
Non cotés.	7	18	3	14	4	5	4	2	6	11	10	8	5	97	1,43
Totaux des élèves composant l'effectif de chaq. classe.	483	805	197	331	532	477	567	705	694	624	518	462	397	6 792	
Proport. °/₀ des élèves composant l'effectif de chaq. classe.	7,11	11,85	2,91	4,87	7,83	7,03	8,34	10,38	10,22	9,19	7,63	6,80	5,84		

TABLEAU N° 9

Indiquant le nombre des élèves et leur répartition par catégorie de pensionnaires, demi-pensionnaires ou externes surveillés, externes libres et externes de pension, avec la proportion % de chaque catégorie,

de 1860 à 1879.

DÉSIGNATION des ANNÉES.	NOMBRE DES ÉLÈVES														TOTAL GÉNÉRAL.
	INTERNES						DEMI-PENSIONNAIRES OU EXTERNES SURVEILLÉS		EXTERNES						
	Boursiers.	Proportion %.	Pensionnaires libres.	Proportion %.	Total.	Proportion		Proportion %.	Libres.	Proportion %.	Externes de pension.	Proportion %.	Total.	Proportion %.	
1860	234	4,42	1 821	34,45	2 058	38,87	468	8,85	1 061	20,01	1 707	32,24	2 768	52,28	5 294
1861	239	4,33	1 978	35,80	2 217	40,13	411	8,03	1 148	20,78	1 716	31,06	2 864	51,84	5 525
1862	236	4,25	2 047	36,84	2 283	41,09	425	7,65	1 197	21,55	1 651	29,71	2 848	51,26	5 556
1863	257	4,35	2 420	40,96	2 677	45,31	451	7,63	1 192	20,18	1 588	26,88	2 780	47,06	5 908
1864	251	4,34	2 147	37,14	2 398	41,48	496	8,56	1 268	21,93	1 619	28,01	2 887	49,94	5 781
1865	263	4,58	2 246	39,11	2 509	43,69	403	7,02	1 188	20,69	1 642	28,60	2 830	49,29	5 742
1866	249	3,96	2 421	38,49	2 670	42,45	487	7,74	1 467	23,31	1 668	26,50	3 135	49,81	6 292
1867	237	3,74	2 431	38,39	2 668	42,13	503	7,94	1 518	24,43	1 614	25,50	3 162	49,93	6 333
1868	»	»	»	»	»	»	»	»	»	»	»	»	»	»	6 313
1869	230	3,71	2 337	37,77	2 567	41,48	573	9,26	1 666	26,93	1 381	22,33	3 047	49,26	6 187
1870	»	»	»	»	»	»	»	»	»	»	»	»	»	»	»
1871	243	4,36	1 806	32,39	2 049	36,75	533	9,56	1 851	33,26	1 139	20,43	2 993	53,69	5 575
1872	243	4,34	1 722	30,75	1 965	35,09	574	10,26	1 878	33,51	1 182	21,14	3 060	54,65	5 599
1873	276	4,89	1 724	30,55	2 000	35,44	581	10,35	1 836	32,53	1 223	21,68	3 059	54,21	5 643
1874	287	4,87	1 813	30,75	2 100	35,62	666	11,29	1 862	31,59	1 268	20,50	3 130	53,09	5 896
1875	291	4,81	1 889	31,21	2 180	36,02	671	11,09	1 902	31,42	1 299	21,46	3 101	52,88	6 052
1876	281	4,41	1 977	31,04	2 258	35,45	719	11,28	2 030	31,87	1 362	21,40	3 392	53,27	6 369
1877	308	4,76	1 950	30,10	2 258	34,86	835	12,92	2 060	31,80	1 323	20,42	3 383	52,22	6 477
1878	314	4,85	1 924	29,63	2 238	34,48	920	14,17	2 071	31,90	1 263	19,45	3 334	51,35	6 492
1879	323	4,67	1 971	28,51	2 294	33,18	1 017	14,72	2 193	31,73	1 408	20,37	3 601	52,10	6 912
Proportion % { en 1860.	4,42		34,45		38,86		8,85		20,01		32,24		52,28		
Proportion % { en 1879.	4,67		28,51		33,18		14,72		31,73		20,37		52,10		

Indiquant le nombre et la proportion °/° des élèves des Lycées et Collège de Paris qui ont quitté le Lycée après la classe de Quatrième avec ou sans le certificat de grammaire, de 1872 à 1879.

NOMBRE DES ÉLÈVES QUI ONT QUITTÉ LE LYCÉE APRÈS LA CLASSE DE QUATRIÈME

DÉSIGNATION des ÉTABLISSEMENTS.	en 1872 — Nombre classe de 4e	en 1872 — avec le certificat	en 1872 — sans le certificat	en 1872 — Total avec ou sans	en 1873 — Nombre classe de 4e	en 1873 — avec le certificat	en 1873 — sans le certificat	en 1873 — Total avec ou sans	en 1874 — Nombre classe de 4e	en 1874 — avec le certificat	en 1874 — sans le certificat	en 1874 — Total avec ou sans	en 1875 — Nombre classe de 4e	en 1875 — avec le certificat	en 1875 — sans le certificat	en 1875 — Total avec ou sans
Louis-le-Grand	140	7	7	14	132	5	8	13	115	3	6	9	126	3	11	14
Henri IV	106	14	6	20	116	9	5	14	92	7	1	8	93	2	7	9
Saint-Louis	95	3	1	4	88	2	3	5	83	2	4	6	93	1	3	4
Fontanes	180	»	»	»	215	10	17	27	263	12	37	49	233	28	31	62
Charlemagne	78	4	3	7	80	1	5	6	81	2	8	10	90	6	6	12
Vanves	»	»	»	»	»	»	»	»	»	»	»	»	65	1	3	4
Rollin	27	»	2	2	31	»	2	2	31	»	5	5	25	»	2	2
Totaux	626	28	19	47	662	27	40	67	677	26	61	87	731	41	66	107
Proportion °/° des élèves sortis		4,47	3,03	7,50		3,90	5,78	9,68		3,81	9,01	12,85		5,61	9,03	14,64

LYCÉE APRÈS LA CLASSE DE QUATRIÈME — RÉSULTAT GÉNÉRAL

DÉSIGNATION des ÉTABLISSEMENTS.	en 1876 — Nombre classe de 4e	en 1876 — avec le certificat	en 1876 — sans le certificat	en 1876 — Total avec ou sans	en 1877 — Nombre classe de 4e	en 1877 — avec le certificat	en 1877 — sans le certificat	en 1877 — Total avec ou sans	en 1878 — Nombre classe de 4e	en 1878 — avec le certificat	en 1878 — sans le certificat	en 1878 — Total avec ou sans	en 1879 — Nombre classe de 4e	en 1879 — avec le certificat	en 1879 — sans le certificat	en 1879 — Total avec ou sans	TOTAL des élèves de la classe de 4e	TOTAL des élèves sortis avec le certificat	TOTAL des élèves sortis sans le certificat	TOTAL des élèves sortis avec ou sans le certificat	PROPORTION °/° des élèves sortis avec le certificat	PROPORTION °/° des élèves sortis sans le certificat	PROPORTION °/° du nombre total des élèves sortis avec ou sans le certificat
Louis-le-Grand	151	22	6	28	112	11	5	16	131	23	7	30	125	17	3	20	1 002	91	53	144	8,56	4,99	13,55
Henri IV	81	7	5	12	93	3	1	4	89	5	5	10	66	1	13	14	736	48	43	91	6,52	5,81	12,36
Saint-Louis	98	3	1	4	87	3	3	6	79	2	2	4	82	1	1	2	711	19	21	40	2,67	2,95	5,02
Fontanes	227	22	30	52	226	22	20	42	186	13	30	43	226	10	22	32	1 786	117	190	307	6,55	10,63	17,18
Charlemagne	69	1	3	4	61	3	7	10	88	1	5	6	95	2	2	4	651	20	39	59	3,06	5,90	9,02
Vanves	71	1	3	4	68	2	1	3	60	1	5	6	51	2	4	6	318	7	15	22	2,20	4,71	6,91
Rollin	47	»	5	5	66	»	1	1	50	3	4	7	61	2	3	5	311	5	24	29	1,46	7,03	8,49
Totaux	744	58	53	111	716	44	38	82	683	48	57	105	709	35	48	83	5 608	307	385	692	5,17	6,86	12,33
Proportion °/° des élèves sortis		7,79	7,52	15,31		5,89	5,09	10,08		7,02	8,34	15,36		1,03	5,77	11,70					5,17	6,86	12,33

Indiquant l'âge des candidats des Lycées et Collège de Paris qui se sont présentés au Baccalauréat ès lettres ou au Baccalauréat ès sciences dans les sessions de juillet et octobre 1879. — Proportion % par âge.

NOMBRE DES ÉLÈVES AYANT SUBI L'EXAMEN [DU BACCALAURÉAT] QUI SONT NÉS EN (Proportion % par âge)

NATURE des EXAMENS SUBIS.	1864	Prop. %	1863	Prop. %	1862	Prop. %	1861	Prop. %	1860	Prop. %	1859	Prop. %	1858	Prop. %	1857	Prop. %	1856	Prop. %	1855	Prop. %
Baccalauréat ès lettres — 1re partie	12	0,92	170	13,09	516	41,31	383	29,49	181	13,91	72	5,54	14	1,07	1	0,07	4	0,30	9	0,60
Baccalauréat ès lettres — 2e partie	2	0,21	13	1,37	122	12,93	331	35,09	256	27,11	156	16,51	35	3,71	16	1,67	6	0,63	2	0,21
Baccalauréat ès sciences — complet	6	0,49	43	2,71	233	19,24	409	33,77	307	25,35	143	11,81	31	2,56	12	0,98	7	0,57	4	0,32
Baccalauréat ès sciences — restreint	»	»	2	1,30	3	1,95	16	10,38	33	21,43	33	21,43	29	18,82	7	4,54	9	5,84	3	1,95

NATURE des EXAMENS SUBIS.	1854	Prop. %	1853	Prop. %	1852	Prop. %	1851	Prop. %	1850	Prop. %	1849	Prop. %	1847	Prop. %	1845	Prop. %	1844	Prop. %	1840	Prop. %	1838	Prop. %	1836	Prop. %	1831	Prop. %	TOTAL DES CANDIDATS.
Baccalauréat ès lettres — 1re partie	3	0,23	»	»	»	»	1	0,07	»	»	1	0,07	»	»	»	»	»	»	»	»	»	»	1	0,07	1	0,07	1 209
Baccalauréat ès lettres — 2e partie	1	0,11	1	0,11	»	»	»	»	»	»	»	»	1	0,11	»	»	»	»	»	»	1	0,11	»	»	»	»	943
Baccalauréat ès sciences — complet	1	0,08	3	0,24	5	0,41	»	»	1	0,08	»	»	»	»	»	»	1	0,08	2	0,16	1	0,08	»	»	»	»	1 211
Baccalauréat ès sciences — restreint	4	2,80	6	3,89	4	2,59	3	1,05	2	1,30	»	»	»	»	»	»	»	»	»	»	»	»	»	»	»	»	154

TABLEAU N° 12

Indiquant le nombre des élèves des Lycées et Collège de Paris présentés, admissibles
et admis au baccalauréat ès lettres et au baccalauréat ès sciences
de 1868 à 1879.

NATURE des EXAMENS subis.	NOMBRE DES ÉLÈVES							Nombre total des élèves appartenant aux classes qui conduisent au baccalauréat.	Proportion %, du nombre des élèves admis sur le nombre total des élèves appartenant aux classes qui conduisent au baccalauréat.
	présentés.	admissibles.	proportion %, des admissibles.	ajournés.	proportion %, des ajournés.	admis.	proportion %, des admis.		
Baccal. ès lettres.	6 287	4 168	66,29	2 445	38,89	3 842	61,11	8 313	46,21
Baccal. ès sciences.	4 257	2 292	53,84	2 155	50,63	2 102	49,37	5 899	35,64
TOTAL et proportion moyenne %.	10 544	6 460	61,21	4 600	43,63	5 944	56 37	14 212	41,83

TABLE DES MATIÈRES.

APPENDICE

Tableau n° 1 indiquant la répartition des élèves dans les Lycées et Collège de Paris (internes, demi-pensionnaires, externes surveillés, externes des pensions et externes libres), au 15 novembre 1879.

Tableau n° 2 indiquant le nombre des élèves des Lycées et Collège de Paris, de 1809 à 1879.

Tableau n° 3 présentant la situation de l'enseignement secondaire libre dans les vingt arrondissements de Paris, au 15 novembre 1879.

Tableau n° 4 indiquant le lieu de naissance des élèves.

Tableau n° 5 indiquant le domicile des parents.

Tableau n° 6 indiquant la profession des parents.

Tableau n° 7 indiquant la provenance des élèves.

Tableau n° 8 indiquant : 1° la répartition par âge des élèves dans les différentes classes; 2° la proportion °/₀ par âge des élèves de chaque classe; 3° la répartition numérique des élèves dans les différentes classes; 4° la proportion °/₀ des élèves composant l'effectif de chaque classe.

Tableau n° 9 indiquant le nombre des élèves des Lycées et Collège de Paris et leur répartition par catégorie de pensionnaires, demi-pensionnaires ou externes surveillés, externes libres et externes de pensions, avec la proportion °/₀ de chaque catégorie, de 1860 à 1879.

Tableau n° 10 indiquant le nombre et la proportion °/₀ des élèves qui ont quitté les Lycées ou Collège de Paris après la classe de quatrième, avec ou sans le certificat de grammaire, de 1872 à 1879.

Tableau n° 11 indiquant l'âge des candidats des Lycées et Collège de Paris, qui se sont présentés au baccalauréat ès lettres ou au baccalauréat ès sciences dans les sessions de juillet et octobre 1879. — Proportion °/₀ par âge.

Tableau n° 12 indiquant le nombre des élèves des Lycées et Collège de Paris, présentés, admissibles et admis au baccalauréat ès lettres et au baccalauréat ès sciences, de 1868 à 1879. — Proportion °/₀.

Paris. Imprimerie Delalain, rue de la Sorbonne, 1 et 3.

Contraste insuffisant

NF Z 43-120-14

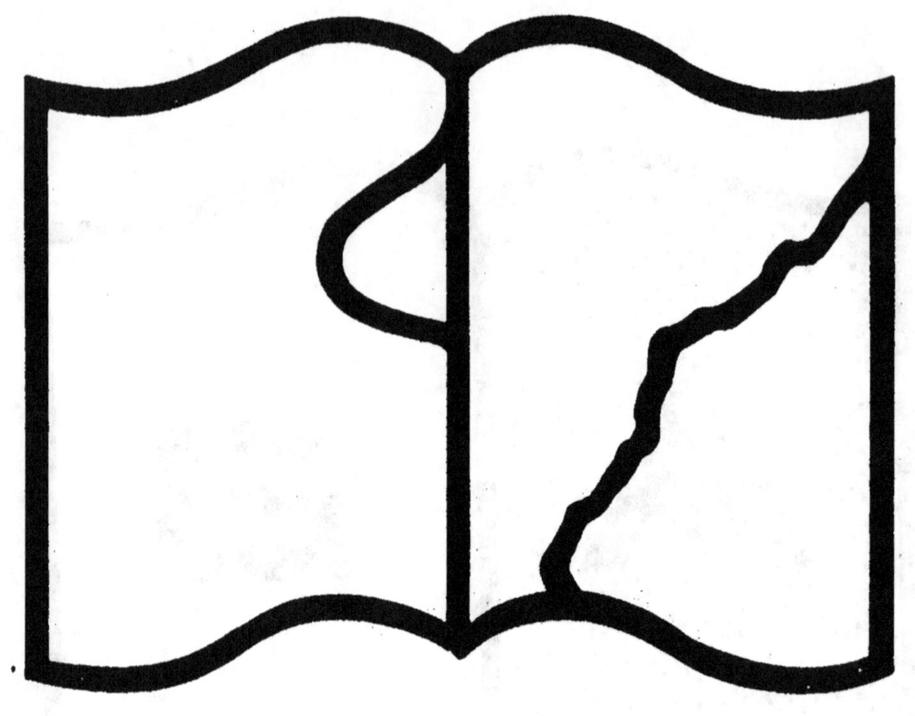

Texte détérioré — reliure défectueuse

NF Z 43-120-11